全国高等商科教育
海峡两岸营销专业能

营销管理概论
测评题库

中国国际商会商业行业商会、台湾行销科学学会 联合主编

经济管理出版社
ECONOMY & MANAGEMENT PUBLISHING HOUSE

北京市版权局著作权合同登记：图字：01-2015-2446 号

图书在版编目（CIP）数据

营销管理概论测评题库/中国国际商会商业行业商会，台湾行销科学学会联合主编. 一北京：经济管理出版社，2015.5
ISBN 978-7-5096-3953-5

Ⅰ. ①营… Ⅱ. ①中… ②台… Ⅲ. ①营销管理—资格考试—习题集 Ⅳ. ①F713.50-44

中国版本图书馆 CIP 数据核字（2015）第 206040 号

组稿编辑：陈　力
责任编辑：陈　力　赵晓静
责任印制：黄章平
责任校对：张　青

出版发行：经济管理出版社
　　　　　（北京市海淀区北蜂窝 8 号中雅大厦 A 座 11 层 100038）
网　　　址：www. E-mp. com. cn
电　　话：(010) 51915602
印　　刷：三河市延风印装有限公司
经　　销：新华书店
开　　本：787mm×1092mm/16
印　　张：5.75
字　　数：131 千字
版　　次：2015 年 9 月第 1 版　2015 年 9 月第 1 次印刷
书　　号：ISBN 978-7-5096-3953-5
定　　价：24.00 元

序　言

随着 2010 年海峡两岸经济合作框架协议的签署，海峡两岸的经济合作不断加强。当前海峡两岸关系的改善和发展，促使海峡两岸经济交流合作有了较之以往更好的发展条件和环境，同时海峡两岸对熟悉彼此市场的人才需求也呈现日益增长的趋势。企业在制定营销战略时，不仅要考虑精确的数据、科学的方法，更应该关注营销人才这个因素。可以说目前企业间的竞争不仅局限于产品间的竞争，同时也是营销人才的竞争。但是，目前中国大陆地区营销领域从业人员的专业水准、开拓市场的能力及营销观念等方面与国际相比还有较大差距。在中国经济"新常态"发展环境下，人才需求结构的变化使营销类人才变得更加抢手。

2014 年，在诸多就业率较低的专业中，市场营销专业在不少省份均榜上有名。但根据中国人力资源市场网发布的《2014 年第三季度全国部分省市人才服务机构市场供求情况分析报告》显示，与市场营销领域相关的 2014 年第三季度招聘职位包括："市场营销/公关/销售"和"百货/连锁/零售服务"，分别位居人才需求的第 1 位和第 5 位。"市场营销/公关/销售"和"百货/连锁/零售服务"职位占人才招聘总需求的 25.66%。目前，我国正处于经济结构转型不断深化的关键时期，各行业对营销专业人才的需求旺盛。近年来招聘职位数量居高不下，与目前高校营销专业就业率低的现状明显不符，究其原因主要有以下几点。

第一，专业目标性有待加强。根据中国大陆地区的普通高校关于营销人才的培养目标来看，市场营销相关从业人员应具有良好的商业品德和营销伦理修养，系统掌握现代营销管理理论与方法，具备分析和解决市场营销实际问题的能力，从而更好地适应经济发展要求。但现阶段大部分高校对市场营销专业人才的培养目标不太明确，造成知识结构博却不精，没有专长，使得市场营销专业学生在自身定位及今后的从业方向上不明确。

第二，专业社会实践教学不足。市场营销本科专业是实践性非常强的专业，要培养出现代化、高素质、应用型的专业人才，必须把专业放到市场中去，把课堂延伸到企业中去。中国大陆地区现行的营销教育主要以普通高等教育为阵地，虽然培养出了高素质营销人才，但大多数高等院校的专业课讲授主要以课堂理论教学为主，一些能培养学生专业技能的实际操作环节却无法实现。

而在中国台湾地区，其普通高等教育中关于营销的教学，更注重理论联系实际，推行"产学合一"，即以产业发展要求促进教学改革，以教学人才培养支持产业发展，并推出了得到行业和院校共同认可的营销类证书认证考试项目，在这方面值得中国大陆地区借鉴和学习。

因此，为促进海峡两岸专业人才和专业服务的双向流动，培养与国际接轨并适应行业发展的营销人才，加强海峡两岸人员交流和资格互认等方面的合作。中国国际商会商业行业商会和台湾行销科学学会面向海峡两岸营销从业人员以及高等院校市场营销、工商管理、旅游管理和酒店管理等专业的学生，开展了海峡两岸营销专业能力培训考试项目。考试合格者，由中国国际商会商业行业商会和台湾行销科学学会颁发《海峡两岸营销专业能力证书》。《海峡两岸营销专业能力证书》设置营销策划师和旅游营销师两个专业类别。

此次出版的系列教材是海峡两岸营销专业能力培训考试项目指定教材，共分为三本，分别是《营销管理概论测评题库》、《旅游营销实务测评题库》和《营销策划实务测评题库》。

该系列教材由中国国际商会商业行业商会和台湾行销科学学会共同组织海峡两岸专家学者成立的命题委员会编写。在编写过程中参考了大量专业教材、专著、论文及实践案例，并得到诸多海峡两岸专家学者的指导，在此表示由衷感谢。

相信该系列教材会对海峡两岸营销专业人才的培养做出有益尝试。由于编写时间有限，编者水平有限，教材中难免存在不足之处，敬请各位专家、广大读者和同行批评指正，以便再版时予以修改和完善。

目　录

第一章　营销策略规划

1. 根据事业单位的策略规划过程，企业在设定公司使命之后，接下来的步骤是下列哪一项？

　A. 策略形成　　　　　B. 目标形成　　　　　C. 方案形成　　　　　D. SWOT 分析

2. 下列哪一项不是事业单位在设定目标时应该遵守的规则？

　A. 抽象的说明会对顾客提供什么价值

　B. 说明多个目标之间的优先级

　C. 目标应具有挑战性

　D. 多个目标之间可能存在的矛盾应予以避免

3. 下列哪一项是企业在设定公司使命时应该遵守的规则？

　A. 需说明会对顾客提供什么价值

　B. 应针对个别事业单位制定不同的公司使命

　C. 公司使命应该具体化、能量化

　D. 公司使命每年至少要修改一次

4. 根据事业单位的策略规划过程，企业在设定公司使命之后，接下来的步骤是执行 SWOT，是指下列哪一项？

　A. 制定执行策略　　　　　　　　　B. 建立具体目标

　C. 形成可行方案　　　　　　　　　D. 分析内外部环境

5. 大型或有多种产品的企业有三种不同层级的策略，下列哪一项不正确？

　A. 公司策略　　　　　B. 事业策略　　　　　C. 功能策略　　　　　D. 定价策略

6. 下列有关"营销"的定义，哪一项不正确？

　A. "营"有活动、执行、流通的意义

　B. "销"有散播、出售之意

　C. 美国营销学会的最新定义是创造能够满足个人和组织目标的交换

　D. 菲利普·科特勒（Philip Kotler）定义市场营销是个人和集体通过创造产品和价值，
　　　并同别人进行交换，以获得其所需所欲之物的一种社会和管理过程

7. 广义而言，产品不包括下列哪一项？

A. 物品（如领带、计算机）　　　　B. 服务（如医疗、教育）

C. 地点（如国家、城镇）　　　　　D. 直销的销售人员

8. 百余年来，企业对市场持有的哲学或观点随着社会、经济、竞争形势的变迁而演化，分为四个观念阶段。下列排序由古至今哪一项正确？

A. 销售，营销，生产，关系营销　　B. 生产，营销，销售，关系营销

C. 生产，销售，营销，关系营销　　D. 关系营销，生产，营销，销售

9. 下列有关生产导向的叙述，哪一项不正确？

A. 产品质量要比竞争者的好，顾客才愿意买　　B. 只要产品生产出来就可以卖掉

C. 生产达到规模经济是最大的竞争优势　　D. 源自消费者对产品的需求大于供给

10. 下列哪一项并非常见的"4P营销组合"？

A. 服务人员（People）　　　　　　B. 产品（Product）

C. 定价（Pricing）　　　　　　　　D. 渠道（Place）

11. 营销是为了创造、沟通与传递价值给顾客，下列有关"价值"的叙述，哪一项不正确？

A. 价值必须从消费者的角度来理解与诠释，又称为顾客知觉价值，取决于消费者的收益和成本

B. 收益包括期望质量、交易质量、消费质量等

C. 成本包括信息搜集成本、购买成本及使用成本等

D. 价格越高的产品，传递的顾客知觉价值越低，消费者购买意愿越低

12. 经过内外部环境分析之后，事业单位应该设定目标。下列哪一项不是目标设定的原则？

A. 具体明确，尽量能够量化　　　　B. 说明目标的重要前提

C. 实际可行，但有一定的挑战性　　D. 目标越多越好

13. 有关设定公司使命的论述，下列哪一项不正确？

A. 为了永续经营，一旦设定就不能修改　　B. 应定义经营事业的内容

C. 应定义服务的顾客是谁　　　　　D. 应定义为顾客提供什么价值

14. 下列有关 BCG 矩阵的叙述，哪一项不正确？

A. 由波士顿顾问团（Boston Consulting Group）所创

B. 分析对象是企业旗下的事业单位

C. 分析维度包括市场成长率与市场销售量

D. 以圆圈面积代表事业单位的营业额大小

15. 若企业旗下的事业单位正位于具有高成长率的市场，且居于市场领导地位，下列

论述哪一项不正确?

A. 根据 BCG 矩阵,该事业称为金牛 (Cash Cow)

B. 高成长市场容易吸引竞争者进入,故需投入大量资金巩固领导地位

C. 此事业单位未必赚钱

D. 此事业单位有助于提升企业知名度

16. BCG 矩阵进行事业组合分析可能发生一些问题,下列哪一项不属于这些问题?

A. 只考虑两个分析维度,过于简化　　　　　　B. 精确地建立此模式需费时费力

C. 只关心现有事业单位的分类　　　　　　　　D. 主要的功用在于未来的策略规划

17. 根据恩格尔法则 (Engel's Law),当家庭所得增加之后,下列论述哪一项不正确?

A. 食物支出的比率会下降　　　　　　　　　　B. 日常用品支出的比率大致不变

C. 衣物、运输支出的比率大致不变　　　　　　D. 医疗、休闲、教育支出的比率会上升

18. 下列哪一种环境的变化最可能影响消费者的购买力及消费形态?

A. 自然环境　　　　　B. 经济环境　　　　　C. 社会文化环境　　　　　D. 政治法令环境

19. SWOT 分析是企业用以扫描内外部环境的工具,下列哪一项不属于 SWOT 分析的范围?

A. 外部环境的机会　　　　　　　　　　　　　B. 外部环境的资源

C. 企业本身的优势　　　　　　　　　　　　　D. 企业本身的劣势

20. 在电子商务及网络营销盛行的情况下,下列哪一项是企业及消费者最关心的事情?

A. 网络色情　　　　　　　　　　　　　　　　B. 信息泛滥

C. 使用者隐私权　　　　　　　　　　　　　　D. 随时收到新产品信息

21. 在公司所有部门中,哪个部门对公司的策略制定具有重要的影响?

A. 人力资源　　　　　B. 财务　　　　　C. 信息　　　　　D. 营销

22. 下列有关市场导向的叙述,哪一项不正确?

A. 目的是为了批评"营销导向"观念

B. 强调企业除应重视顾客需求外,还需重视员工、消费大众与竞争者等信息

C. 希望通过跨部门协调,使全体员工投入企业价值创新与提升顾客服务的能力

D. 是 1990 年以后所盛行的概念

23. 关系营销是指企业针对会影响公司绩效的外部团体或个人执行活动以发展良好的关系,下列哪一项描述不适用于关系营销?

A. 利用多元、个人的沟通方式和顾客发展长期的互惠网络

B. 强调将产品通过各种关系网络强力销售出去

C. 涉及维护良好的顾客与伙伴关系管理

D. 企业可通过原有顾客的关系管理,而节省顾客开发的费用

24. 要求所有营销组合的管理或决策元素，必须相互搭配与协调以发挥综效，而能有利于提供公司的绩效，称为_____。

    A. 内部营销   B. 外部营销   C. 关系营销   D. 整合营销

25. 下列有关策略规划的叙述，哪一项是正确的？

    A. 策略规划主要是专属于高层主管的责任

    B. 策略规划的层级划分，适用于所有规模的企业

    C. 策略规划是达成企业短期使命的行动指导原则

    D. 公司策略规划的目标是企业愿景的定位

26. 下列有关策略规划过程的叙述，哪一项是正确的？

    A. 必须先有内外部环境分析，才能设定公司使命

    B. 必须先设定公司策略，才能设定公司目标

    C. 公司使命，是公司策略规划的起点

    D. 必须先有策略方向，才能设定使命

27. 下列有关营销策略的叙述，哪一项是错误的？

    A. 营销策略的层级低于公司与事业策略

    B. 在制定公司与事业策略时，营销信息是成功的关键因素

    C. 在拟定事业策略方向时，营销信息的重要性低于研究发展部门

    D. 在策略合作对象的选择上，销售部门信息的重要性高于营销部门

28. 下列有关 BCG 矩阵的叙述，哪一项是正确的？

    A. 可以用来预测产品生命周期

    B. 必须使用市场成长率与相对市场占有率的预测值，才能运用此模式进行分析

    C. 模式的图形，是以圆圈的大小表示事业单位的策略重要性

    D. 可以用来判定公司是否拥有适当的事业组合

29. 收割策略通常不会用于下列哪一种事业？

    A. 问题（Question Mark）事业   B. 明星（Star）事业

    C. 金牛（Cash Cow）事业   D. 瘦狗（Dog）事业

30. 根据 BCG 矩阵，下列哪一种事业有可能因为维护市场地位的成本过高而入不敷出？

    A. 问题事业   B. 瘦狗事业   C. 明星事业   D. 金牛事业

31. 下列有关"通用—麦肯锡（GE-McKinsey）投资组合分析模式"的叙述，哪一项是正确的？

    A. 以"市场吸引力"与"业务实力"分析事业投资组合

    B. 考虑的因素维度比 BCG 矩阵简单

    C. 所考虑的因素，不必因产业的不同而有所不同

D. 只能做投资组合现状的检讨，不能做预测

32. 以 BCG 矩阵或 GE 模式分析投资事业组合时，不会有下列哪一个盲点？

A. 无法了解市场的竞争结构与态势

B. 未考虑事业单位间的联动性

C. 以平均分数计算因素维度的指标分数，而忽略因素结构的差异性

D. 着重于个别事业单位的分析

33. 下列哪一项是 GE 模式中影响业务实力的因素？

A. 市场规模   B. 竞争者的实力

C. 政府法令规定   D. 满足消费者需求的能力

34. 下列哪一项是 GE 模式中影响市场吸引力的因素？

A. 原料取得的容易程度   B. 生产技术的门槛

C. 渠道商的配合程度   D. 推广方案的有效程度

35. 下列有关内外部环境 SWOT 分析的叙述，哪一项是正确的？

A. SW 属于外部环境分析

B. OT 分析的目的是确认公司的组织结构与技术是否适当

C. 公司真正所面对的机会与威胁，主要取决于公司内部的优势与劣势

D. 必须先有内部分析，才能进行适当的外部分析

36. 下列哪一项不是外部环境因素？

A. 品牌声誉   B. 工会组织

C. 会计制度法规的改变   D. 消费者偏好的改变

37. 关于竞争策略的叙述，下列哪一项是正确的？

A. 全面成本领导策略，必须有足够的市场占有率才能达成

B. 差异化策略的结果，往往会提高产品价格并降低市场占有率

C. 集中策略，代表公司有充分的资源，因此集中于某一市场，以打击竞争者

D. 同一事业的策略，在同一市场，可以同时采取全面成本领导及差异化策略，以获取最大利润

38. 公司使命的界定范围越小或越以产品为导向，可能会造成下列哪一种结果？

A. 使企业内部失去求新求变的动力

B. 无法转换事业跑道

C. 较容易掌握环境与消费需求的变化

D. 容易陷入"营销近视症"陷阱

39. 下列有关 BCG 矩阵的相关描述中，哪一项不正确？

A. 针对高成长且具有竞争力的事业，企业可采取整合发展、合资等策略，与产业成

长接轨

B. 对于金牛事业，企业应采取市场渗透或市场发展，以在原有市场销售更多或发展另一新市场

C. 明星事业并不表示当前可为企业带来大量的现金

D. 针对市场成长与竞争力均低的事业，企业若无法提升其市场占有率，最后只能缩减营运、退出市场

40. BCG 事业分析模式中，问题事业的特征为_____。

A. 高成长市场，但低竞争力的事业

B. 市场成长趋缓，但高竞争力的事业

C. 适合采取多角化策略，针对新市场研发新产品

D. 适合采取整合发展、合资等策略

41. 下列有关企业环境 SWOT 分析的叙述，哪一项是错误的？

A. OT 属于外部环境分析

B. 主要目的在于确认组织当前的目标与策略

C. 内、外部环境的分析是相互影响

D. 同一事件对于不同性质的企业，会有不同 OT 的判断

42. 下列哪一项不是差异化竞争策略的重点？

A. 建立消费者品牌忠诚度

B. 降低消费者的价格敏感度

C. 企业在追求差异化的同时，成本仍不能增加过多，以免缺乏价格竞争力

D. 差异化策略的结果，往往会提高产品价格，并提高市场占有率

43. 在 BCG 事业分析模式中，明星事业（Star）通常处于产品生命周期的哪一阶段？

A. 衰退期　　　　　B. 导入期　　　　　C. 成长期　　　　　D. 成熟期

【章节详解】

1.（D）【题解】在设定企业使命之后，应先检视企业面临的环境与自身的能力，亦即 SWOT 分析。

2.（A）【题解】（A）是公司使命的设定，目标应该明确具体，能够量化。

3.（A）【题解】（B）、（C）、（D）指的是事业单位设定目标应该遵守的规则。

4.（D）【题解】在设定公司使命之后，应先检视企业面临的环境与自身的能力，亦即 SWOT 分析。

5.（D）【题解】定价策略属于营销策略，而营销策略属于功能策略。

6.（C）【题解】最新定义是创造、沟通和传递价值给顾客，以经营顾客关系为目的，以便让组织和利益关系人受益。

7.（D）【题解】只要能提供某种价值给顾客，不管是什么形式，都可视为产品。销售人员是传递产品的渠道，并非产品本身。

8.（C）【题解】生产，销售，营销，关系营销。

9.（A）【题解】产品只要做得不是太烂太贵，就可以卖出去。

10.（A）【题解】另一"P"为推广。

11.（D）【题解】价位高的产品，若顾客知觉到效益更高，则顾客知觉价值不会降低。

12.（D）【题解】尽量避免多个目标间可能存在的矛盾，并且设定目标的优先级。

13.（A）【题解】若公司使命已经和环境趋势、消费者需求脱节，或明显限制了公司的成长，则必须更新。

14.（C）【题解】分析维度为市场成长率与市场占有率。

15.（A）【题解】称为明星事业。

16.（D）【题解】仅就事业单位的现况进行分析，并未对未来进行预测。

17.（C）【题解】衣物、运输支出的比率会上升。

18.（B）【题解】经济环境包括国家经济政策、经济景气、家庭所得、国际经济与汇率等。

19.（B）【题解】（B）应改为外部环境的威胁。

20.（C）【题解】厂商通过网络交易必然会向消费者收集个人识别数据，厂商必须说明数据用途以及绝不外流给其他人。

21.（D）【题解】彼得·德鲁克曾言："营销是企业的根本，不能仅将其视为公司内部的某一功能。"且营销可指引市场方向以利于企业规划有效的策略。

22.（A）【题解】1990年后，营销学术界提出市场导向以使营销观念更具周延性，除需重视外部的顾客与竞争者外，组织内部的跨部门协调亦非常重要。

23.（B）【题解】关系营销是利用多元、个人的沟通方式和顾客发展长期的互惠网络，并通过良好的顾客与伙伴关系管理，使企业能有效地维护有价值的顾客并节省开发新顾客的成本。

24.（D）【题解】整合营销要求所有营销组合的管理或决策元素，必须相互搭配与协调以发挥综效，才能有利于提升公司的营销绩效。

25.（D）【题解】（A）企业各层级均应有专属的策略规划；（B）小型企业一般只有公司与功能两层级，大型企业涵盖事业层级；（C）使命属于长期性。

26.（C）【题解】使命→内外部环境分析→目标→发展策略→执行策略→回馈与控制。

27.（C）【题解】在拟定事业策略方向时，营销信息的重要性高于研究发展部门。

28.（D）【题解】（A）不可用于预测；（B）是使用历史数据；（C）是表示事业单位的营业规模。

29.（B）【题解】收割策略是指不考虑长期的影响，尽力减少支出，增加短期现金收入，通常用在前景不好的金牛事业、问题事业及瘦狗事业。

30.（C）【题解】明星事业，是指处于高成长市场的领导者。市场的高度成长会吸引许多竞争者进入此市场，并挑战领导者的地位。

31.（A）【题解】（B）比 BCG 复杂；（C）因产业的不同而有所差异；（D）能做预测。

32.（D）【题解】（D）对全部投资事业组合做通盘检讨。

33.（D）【题解】（A）、（B）、（C）是市场吸引力因素。

34.（B）【题解】（A）、（C）、（D）是事业实力因素。

35.（C）【题解】（A）内部环境分析；（B）O 为机会（Opportunities），T 为威胁（Threats）；（D）内、外部分析相互影响。

36.（B）【题解】（A）、（C）、（D）是外部环境因素。

37.（B）【题解】（A）全面成本领导策略是因，市场占有率是果；（C）集中策略，是指当资源、竞争力不足时，聚焦于某一个能获利又不至于招致竞争的小市场区隔（细分）；（D）在同一市场，因两种策略是不兼容的。

38.（D）【题解】功能策略，是说明为了达成事业部的目标，应该采取的营销组合。

39.（B）【题解】（B）金牛事业，代表产业成长趋缓，但市场占有率高的情况。因此企业不需投入过多投资即可获得相当利润，但应发展新产品，以免金牛产品萎缩后而无以为继。

40.（A）【题解】（B）、（C）均是指金牛事业；（D）为明星事业。

41.（B）【题解】（B）SWOT 主要目的在于检视并界定企业内部环境的优势（Strengths）、劣势（Weaknesses）与外部环境的机会（Opportunities）、威胁（Threats），用于在制定企业的发展战略之前对企业进行全面深入的分析以及竞争优势的定位。

42.（D）【题解】（D）差异化策略的结果，往往会提高产品价格并降低市场占有率，而不是提高市场占有率。

43.（C）【题解】（C）将产品生命周期的纵轴，即销售量取微分，纵轴即为成长率，而成长期的销售量则是处于快速增加的阶段，因此成长期的市场成长率最高，故明星事业处于产品生命周期的成长期。

第二章　市场区隔（细分）与定位

1. 厂商采用"社会阶层"作为市场区隔（细分）基础，是因为分属不同社会阶层的消费者有什么差异？

A. 收入水平有差异　　　　　　　　B. 购买动机有差异

C. 居住地区有差异　　　　　　　　D. 性别有差异

2. 不同面积与形式的房屋，如套房、小户型公寓、大户型公寓，最适合使用下列哪一种市场区隔（细分）变量？

A. 人格特质　　　B. 家庭生命周期　　　C. 社会阶级　　　　D. 居住地区

3. 下列有关市场区隔（细分）的定义或目的，哪一项不正确？

A. 区隔（细分）是指某一地理区域的全体民众，如中国台湾市场是最有效的市场区隔（细分）变量

B. 区隔（细分）是指将整个市场划分为数群

C. 区隔（细分）的依据是购买者特性、需求或行为

D. 区隔（细分）的目的是希望同一群内的消费者对产品有类似的需求

4. 人口统计变量最常被营销人员用以建立市场区隔（细分），如不同年龄群别。下列哪一项是主要原因？

A. 是最有效的市场区隔（细分）变量

B. 是比较容易衡量的消费者特性

C. 建立的市场区隔（细分）最容易被营销策略所影响

D. 营销决策不会受到刻板印象的影响

5. 生活形态是整体环境对于个人在其生活各种层面的影响，包括感情、活动、兴趣和意见等层面。下列相关论述哪一项最不正确？

A. 不是有效的市场区隔（细分）变量

B. 是影响消费者购买行为的重要因素

C. 一般性的生活形态的衡量，与产品无关

D. AIO 量表（Activity，Interests，Opinion Inventory）是发展成熟的生活形态量表

6. 行为变量是常用的市场区隔（细分）变量之一，下列哪一项不属于行为变量？

A. 追求的利益　　　B. 购买的时机　　　C. 购买频率　　　D. 使用满意度

7. 下列与市场区隔（细分）有关的论述，哪一项不正确？

A. 消费者一旦被归入某个市场区隔（细分），短期内不会改变

B. 营销人员应定期进行市场区隔（细分）的分析与评估

C. 市场区隔（细分）至少要有一些规模够大且有销售潜力的区块

D. 市场区隔（细分）的可衡量性是指营销人员能够辨认区块内的消费者是谁

8. 对于组织市场而言，下列哪一项是最有效的市场区隔（细分）变量？

A. 人口统计变数　　B. 气候　　　　C. 地理位置　　　D. 采购的用途

9. 建立定位是指在消费者脑海中，为某个品牌建立有别于竞争者的形象，下列论述哪一项不正确？

A. 目标市场的人口统计特性是最有效的产品定位基础

B. 知觉图可帮助营销人员了解消费者所认知的产品定位

C. 定位必须持续一段时间，利于建立深刻的印象

D. 一听到 e-Bay，就想到全球最大的拍卖网站，是定位所带来的结果

10. 厂商设计不同的产品及对应的营销组合，进入两个或两个以上的市场，属于下列哪一种目标市场选择方式？

A. 差异化营销　　　　　　　　　　B. 无差异营销

C. 事件营销　　　　　　　　　　　D. 利基营销

11. 下列有关价值观的论述，哪一项不正确？

A. 是个人的一套根深蒂固的观念，用以判断事物的是非优劣

B. VALS 是知名的心理统计变量量表，VA 是价值观

C. 个人的价值观和想法多半是从小开始养成的

D. 个人价值观易于被营销策略所影响，使消费者改变对事务的态度

12. 下列哪一项不是家庭生命周期的阶段？

A. 童年　　　　　B. 单身　　　　C. 结婚无小孩　　　D. 结婚有小孩

13. 一般而言，市场区隔（细分）的程序有三项步骤，下列哪一项并不属于其中？

A. 调查阶段：搜集消费者动机、态度、行为等资料

B. 分析阶段：利用统计方法根据消费者资料建立不同区隔（细分）

C. 剖析阶段：描述每一区隔（细分）特有的态度、行为、人口统计、心理统计、消费习惯等

D. 根据消费者的性别或年龄，思考新产品应具备的特性

14. 以购买者对于产品的认知、态度、使用行为等作为区隔（细分）变量，属于下列

哪一种市场区隔（细分）？

    A. 心理区隔（细分）   B. 行为区隔（细分）

    C. 生活形态区隔（细分）   D. 地理区隔（细分）

15. 下列哪一项是适当的行为区隔（细分）变量？

    A. 社会阶层   B. 使用时机   C. 生活形态   D. 居住地区

16. 若厂商选择与竞争者的差异化作为产品定位的目标，下列哪一项不正确？

    A. 根据厂商本身的条件，确认有哪些可用以定位的竞争优势

    B. 调查消费者最常见的产品使用时机，作为定位基础

    C. 有效地与目标市场沟通及传递本产品的定位

    D. 了解竞争者的定位，差异性越大越能吸引目标市场的注意

17. 下列有关产品知觉图的论述，哪一项最不正确？

    A. 多以问卷调查收集资料

    B. 亦可由营销人员凭经验绘制

    C. 有效地与目标市场沟通及传递本产品的定位

    D. 知觉图最常使用的两个维度是消费者特性及品牌名称，用以了解不同市场区隔
      （细分）的品牌选择

18. 下列哪一项不是营销人员常用的定位基础？

    A. 属性与功能   B. 利益与用途   C. 使用者个性   D. 人口统计变数

19. 就单一产品而言，厂商应该使用多少定位基础才适当，下列相关论述哪一项正确？

    A. 越多越好，以便服务不同市场区隔（细分）

    B. 只需要使用一项强有力的定位基础

    C. 使用双重特点来定位，可预防某个特点被竞争品牌模仿

    D. 以上论述皆正确

20. 行为变量常被营销人员用来建立市场区隔（细分）。关于行为变量，下列叙述哪一项正确？

    A. 不是有效的市场区隔（细分）变量   B. 不是外显且容易观察的变量

    C. 一般性的行为变量，常与产品类别无关   D. 以上皆不正确

21. 下列哪一项不是组织市场常用的区隔（细分）变量？

    A. 产业与行业类别   B. 购买的时机   C. 购买规模   D. 采购人员特质

22. 厂商进行市场区隔（细分）时，下列哪一项较不适合作为区隔（细分）变量？

    A. 有类似的生活形态   B. 有类似的产品需求

    C. 有类似的人格特质   D. 有类似的身高体重

23. 在产品知觉图中，若某一品牌所处的空间附近并无其他品牌，则代表下列哪一种

营销意义？

A. 该品牌具有独特的定位

B. 该区隔（细分）不具有相似功能的品牌

C. 消费者认为此品牌不具可替代性的品牌

D. 以上皆是

24. 下列哪一项不是心理统计变量？

A. 家庭生命周期　　　B. 人格特质　　　C. 生活形态　　　D. 价值观

25. 下列有关"目标市场"的论述，哪一项是正确的？

A. 大厂商或企业由于资源丰富，所以不必设定目标市场

B. 规模越大的市场，就是越好的目标市场

C. 市场的异质性是确定目标市场的最主要因素

D. 确定目标市场的主要目的是要设定销售目标，作为营销规划与控制的依据

26. ①市场区隔（细分）；②定位；③设定营销组合三种营销规划活动，应符合下列哪一种先后顺序？

A. ①→②→③　　　B. ②→③→①　　　C. ②→①→③　　　D. ③→②→①

27. 下列有关定位的叙述，哪一项不正确？

A. 了解企业本身的市场地位　　　　　　　B. 塑造能吸引目标市场的形象

C. 确立产品发展的方向　　　　　　　　　D. 确立渠道策略

28. 下列有关市场区隔（细分）的叙述，哪一项不正确？

A. 市场区隔（细分）的变量中，以心理统计变量的效果最好

B. 以不同的变量进行市场区隔（细分），一般而言会得到不同的市场区隔（细分）结果

C. 市场区隔（细分）的准则之一是同一区隔（细分）的消费者同构性高

D. 市场区隔（细分）的最小规模是单一消费者

29. 下列哪一项不属于市场区隔（细分）的行为变量？

A. 追求的利益　　　B. 使用时机　　　C. 使用情境　　　D. 生活形态

30. 下列哪一项是价值观、人格特质与生活形态三项的正确差异？

A. 人格特质是价值观的核心　　　　　　　B. 生活形态比价值观稳定、持久

C. 价值观比生活形态更能反映社会的变迁　　　D. 人格特质会影响生活形态

31. 下列有关"市场区隔（细分）的评估"的叙述，哪一项正确？

A. 区隔（细分）间的异质性，主要是指购买者特性的差异

B. 分析区隔（细分）间的异质性，应以单一变量分析，才能显现意义

C. 区隔（细分）的可衡量性，是指市场不能太大，否则无法衡量

D. 区隔（细分）的可接近性，是指能否通过媒体、地点或渠道，接触到消费者，以

便沟通以促使交易发生

32. 就目标市场的选择策略而言，下列哪一项正确？

A. 差异营销是在选择利基市场

B. 集中营销是全公司的资源集中在一个市场，以打击竞争对手

C. 市场专业化是指企业专注于多个或全面市场的开发

D. 无差异化营销所针对的市场，称为大众市场

33. 下列有关"定制化营销"的叙述，哪一项正确？

A. 是指产品专业化营销　　　　　　　　B. 无法大量生产

C. 主要是依靠人工生产　　　　　　　　D. 又称为一对一营销

34. 下列哪一项不属于品牌的内在属性？

A. 产品规格　　　　B. 产品性能　　　　C. 产品来源国　　　　D. 产品材质

35. 下列有关"品牌"的叙述，哪一项不正确？

A. 是产品的实体属性之一　　　　　　　B. 品牌名称是通过语言及文字表达

C. 是产品利益的综合表现　　　　　　　D. 品牌是有生命的、有个性的

36. 下列有关"品牌联结"的叙述，哪一项正确？

A. 是指品牌间的策略联盟

B. 是指消费者对品牌间的联想与比较

C. 是指品牌与消费者的生活方式、内心渴望与态度的结合

D. 是指公司合并后，品牌名称的合并

37. 下列哪一项不是市场区隔（细分）的首要评估准则？

A. 可衡量性　　　　B. 可接近性　　　　C. 准确性　　　　　D. 可实践性

38. 下列哪一项不是品牌的组成维度？

A. 竞争优势　　　　B. 功能　　　　　　C. 个性　　　　　　D. 利益

39. 下列有关"品牌权益"的叙述，哪一项不正确？

A. 是指品牌的附加价值　　　　　　　　B. 是指品牌在会计上的客观价值

C. 是企业的无形价值　　　　　　　　　D. 可以用品牌的市场占有率衡量

40. 下列哪一项不是品牌的命名原则？

A. 品牌名称应尽量的长，以引起特别的注意　B. 能够暗示产品的特性、质量与利益

C. 品牌名称应避免侵犯现有的注册商标　　　D. 具有延伸性

41. 下列哪一项是"品牌名称的可延伸性"的正确定义？

A. 根据需要，品牌名称可以再加长而不会改变意义

B. 是指品牌名称的可联想性

C. 品牌元素可以用于不同的产品

D. 品牌元素可以有较长的专利时间

42. 下列哪一项不是定位的基础？

A. 品牌属性 　　　　B. 目标市场 　　　　C. 竞争者 　　　　D. 广告诉求

43. 下列哪一项不是市场区隔（细分）的有效条件？

A. 可衡量性 　　　　B. 差异性 　　　　C. 有效性 　　　　D. 行动性

44. 企业因资源有限而只选择进入一个或少数几个市场区隔（细分），此种策略称为_____。

A. 个体营销 　　　　B. 差异化营销 　　　　C. 大众营销 　　　　D. 集中营销

45. 下列哪一项不属于市场区隔（细分）的行为变量？

A. 生活形态 　　　　B. 忠诚度 　　　　C. 购买时机 　　　　D. 对产品的态度

46. 下列哪一项不是评估市场区隔（细分）时所须注意的要素？

A. 市场的销售成长率与预期获利率 　　　　B. 现有产品与服务的属性

C. 企业本身的资源与目标 　　　　D. 市场的竞争程度

47. 下列哪一项不属于 STP 的目的？

A. 精细的区分市场 　　　　B. 提高产品价格

C. 使企业可精准地聚焦于目标市场 　　　　D. 建立差异化的优势

【章节详解】

1.（B）【题解】市场区隔（细分）的定义是将全部市场区割成不同群组，使得每个群组内的消费者具有类似的需求或购买行为。

2.（B）【题解】家庭生命周期与家庭成员数、家庭成员的年龄结构有关，直接影响消费者的买房需求。

3.（A）【题解】市场是指特定产品的实际购买群或潜在购买群，因产品而有所不同。

4.（B）【题解】人口统计变数是客观的消费者特性，易于被营销人员所衡量。

5.（A）【题解】生活形态是有效的市场区隔（细分）变量之一。

6.（D）【题解】使用满意度是购买产品之后的心理状态，不属于外显的购买行为。

7.（A）【题解】随着营销环境、竞争形势以及消费者需求的动态变化，区隔（细分）也会随时改变。

8.（D）【题解】与组织采购行为有关的变量，皆是有效的区隔（细分）变数。

9.（A）【题解】定位的目的是要与竞争者差异化，故有别于竞争者的特色，不论是产品功能还是用户属性，皆是有效的定位基础。

10.（A）【题解】在差异化营销的策略下，厂商设计不同的产品及对应的营销组合，进入两个或以上的市场。

11.（D）【题解】价值观是个人的一套根深蒂固的观念，不易受到营销策略的影响。

12.（A）【题解】家庭生命周期是根据人生各个重要时期阶段作为一般划分标准，始于单身期，进入两人婚姻阶段，慢慢地孩子出生、上学、离家在外工作或另筑家庭，最后迈入丧偶独居阶段。

13.（D）【题解】（D）属于产品定位或新产品策略，不属于市场区隔（细分）。

14.（B）【题解】行为变量包括消费者的产品购买行为，包括追求利益、时机、使用率、反应层级等。

15.（B）【题解】（A）、（C）是心理变量，（D）是地理变量。

16.（B）【题解】定位应该要清楚地表达与竞争者的差异之处。以消费者最常见的产品使用时机作为定位基础，很可能会与竞争者定位有所重复。

17.（D）【题解】知觉图的两个维度最常用的是消费者对各品牌所认知的属性或特性。

18.（D）【题解】人口统计变量作为定位基础，易被竞争者所模仿，故较不常使用。

19.（B）【题解】定位应该要清楚地表达与竞争者的差异之处，想要表达的品牌特性越多，越容易造成混淆而没有焦点。

20.（D）【题解】相对于心理变量而言，行为变量具有比较外显的特性，易于被营销人员所衡量。

21.（B）【题解】组织的购买者如企业、工厂、中间商、政府单位、服务与非营利团体，其区隔（细分）变量概念分为两大类：购买者基本背景（所处地理位置、产业与行业类别与组织的规模）以及采购人员与采购单位特性（采购条件、采购用途、顾客关系以及采购人员的特质）等。

22.（D）【题解】市场区隔（细分）的目的是将市场上具有相似需求或行为的顾客或群体归类在一起，而非相似的外形者。

23.（D）【题解】产品知觉图由消费者依据定位基础，评估品牌之间的相似程度。两个品牌越靠近，代表消费者认为二者具有相似的定位，即可替代性越高。

24.（A）【题解】家庭生命周期与家庭成员的年龄结构有关，被归为人口统计变量。

25.（C）【题解】（A）没有一样产品能同时满足所有的消费者；（B）不一定，应考虑竞争状况、本身的条件等；（D）确定目标市场，是设定所要提供的产品利益或特色。

26.（A）【题解】（A）①→②→③。

27.（A）【题解】定位是要塑造能吸引目标市场的形象，以获得目标市场的青睐，之后才能设定营销组合（4P）。

28.（A）【题解】市场区隔（细分）变量的优越性，不具有普遍性。

29.（D）【题解】生活形态属于心理变量。

30. （D）【题解】（A）价值观是人格特质的核心；（B）价值观比生活形态稳定、持久；（C）生活形态比价值观更能反映社会的变迁。

31. （D）【题解】（A）同时包含与产品及购买者相关的特性；（B）应以多个变量分析；（C）可衡量性，是指能辨认消费者，以衡量规模与购买力等。

32. （D）【题解】（A）利基市场属于集中营销策略；（B）集中营销，是因为在主要市场无法与其他竞争者抗衡，因此选择其他厂商不想进入的次要市场；（C）市场专业化，是指提供多种产品给单一市场。

33. （D）【题解】（D）定制化营销，是指强调消费者需求的异质性，又称为一对一营销、小众营销。

34. （C）【题解】（C）产品来源国，是外加给产品的特质，属于外在属性。

35. （A）【题解】产品属性是构成品牌特质的维度之一。

36. （C）【题解】（C）是指品牌与消费者的生活方式、内心渴望与态度的结合。

37. （C）【题解】（C）准确性，不是首要评估准则。

38. （A）【题解】品牌的四个组成维度：属性、功能、个性、利益。

39. （B）【题解】品牌权益不是由企业认定，是由顾客的角度判断。

40. （A）【题解】（A）品牌名称应尽量的短，以方便记忆。

41. （C）【题解】品牌元素可以用于不同的产品。

42. （D）【题解】广告诉求，是凸显定位的手段。

43. （C）【题解】有效的区隔（细分）条件为：可衡量性（Measurable）、可接近性（Accessible）、足量性（Substantial）、差异性（Differentiable）、行动性（Actionable）。

44. （D）【题解】（A）个体营销意指为特定个人与地区量身定做符合他们品位的产品与营销企划；（B）差异化营销意指企业以数个市场区隔（细分）为目标市场，并分别为其设计营销组合；（C）大众营销意指企业忽略各市场的差异，为整个市场提供单一产品或服务。

45. （A）【题解】（A）生活形态属于心理统计变量。

46. （B）【题解】（B）应在确立目标市场与定位后，再考虑产品策略。

47. （B）【题解】STP的目的在于找出市场区隔（细分），从中选择一个或多个目标市场，为每个市场开发适当的产品与营销企划，以建立企业的竞争优势。上述定义包含（A）、（C）、（D）。

第三章　消费者行为

1. 消费者在采购高价位产品或服务时，通常会面对较高的社会、心理和财务风险，因此"最不可能"会有下列哪一种行为？

A. 容易受到古典制约的影响，建立特定的品牌偏好

B. 提高涉入程度

C. 经历较完整的购买决策过程

D. 喜欢比较产品之间的差异

2. 消费者在购买日常用品时，容易因为经常购买而形成习惯，最可能会有下列哪一种行为？

A. 认为运用古典制约的广告内容比说服式广告更有吸引力

B. 提高涉入程度

C. 经历较完整的购买决策过程

D. 喜欢比较产品之间的差异

3. 下列哪一项是心理学家马斯洛所提出，被认为是最低层次的需求？

A. 生理需求　　　　B. 安全需求　　　　C. 尊重需求　　　　D. 自我实现

4. 心智会计的理论指出消费者有_____的倾向，如购买房子的人因购买房的价格高，对于额外些微的支出相对较不在意。

A. 效用递增　　　　B. 系统性偏差　　　　C. 决策偏误　　　　D. 整合损失

5. _____是由品牌有关的想法、感情、知觉、形象、经验、信念、态度等联结到品牌节点上。

A. 品牌联想　　　　B. 品牌价值　　　　C. 品牌认知　　　　D. 品牌编码

6. 营销人员要卖出产品，应能确认出顾客不满足的原因及满足原因，并能够提供顾客满足的因素，这才是令顾客决定购买的主因，上述说明是_____理论的应用。

A. 双终端理论　　　　B. 知觉价值

C. 动机　　　　D. 双因子（激励保健双因素理论）

7. _____是指在一个社会中具有相对的同构性和持久性的群体，它们是按等级

排列的，每一阶层成员具有类似的价值观、兴趣爱好和行为模式。

    A. 市场区隔（细分）   B. 参考群体   C. 社会阶层   D. 次文化群体

8. 企业通常通过衡量三个尺度维度来了解消费者的生活形态，并进行消费者市场区隔（细分），其三个尺度是指衡量_____。

    A. 态度、印象、组织   B. 行动、念头、意见

    C. 活动、兴趣、意见   D. 态度、兴趣、意见

9. 消费者购买决策理论包含"五个阶段"，为需求确认、信息寻求、可行方案评估、购买决策及_____。

    A. 购后行为   B. 顾客满意度   C. 口碑推荐   D. 顾客忠诚度

10. 在消费者选择的非补偿性模式理论中，_____可用来描述消费者随机选择属性（选择属性的随机性和重要性有关）以比较品牌，品牌未达到最低接受水平者被删除的行为。

    A. 中央路径   B. 逐渐增加法

    C. 逐次删除法   D. 推敲可能性模式

11. _____是对态度形成与改变具有影响力的模式，该模式说明消费者在高、低涉入情况下的评估方法。

    A. 周边路径   B. 中央路径

    C. 思考可能性模式   D. 逐次纳入法

12. 消费者进行购买房屋决策时所知觉的风险是_____。

    A. 财务风险   B. 社会风险   C. 时间风险   D. 以上皆是

13. 下列哪一个观念是在描述"消费者对产品的事前期望与其实际质量之间的落差"？

    A. 购买者的满意程度   B. 抱怨的程度

    C. 服务质量落差   D. 顾客流失率

14. _____是指人们表现在活动、兴趣及意见等方面的一种生活模式，其中包括支配时间、金钱及心力的方式。

    A. 生活形态   B. 社会地位   C. 个人背景信息   D. 自我认知

15. 消费者对于产品有需求之后，通常会搜寻产品信息。一般而言，消费者的主要信息来源于_____。

    A. 人际关系（家庭、朋友）   B. 商业（广告、销售人员）

    C. 大众（网络、杂志）   D. 使用经验

16. _____认为人们行为受潜意识影响，人们并未完全了解自己的动机。当一个人检视特定品牌时，他不仅会根据自己的能力反应，也会对其他较少的意识有所反应，包括形状、大小、重量、材质、颜色与品牌名，都会引发某些联想与情感。

A. 马斯洛（Abraham Maslow） B. 泰勒（Frederick Taylor）

C. 赫茨伯格（Fredrick Herzberg） D. 弗洛伊德（Sigmund Freud）

17. _____是形容喜欢或不喜欢的评估，对于情绪、感觉以及对事情或议题的看法或行为倾向。

A. 涉入程度　　　　B. 态度　　　　C. 满意度　　　　D. 情绪

18. _____是指一个人对某些事物所持有的描述性看法。

A. 信念　　　　B. 认知需求　　　　C. 概念　　　　D. 态度

19. 因为消费者的态度或信念一旦形成则很难改变，因此，公司通常被建议的策略是_____。

A. 积极的广告活动影响意见领袖的想法

B. 提供满足顾客需求的产品，而非改变消费者态度

C. 积极寻找新顾客

D. 积极地从事价格促销来提升市场占有率

20. 下列哪一项是符合社会阶层的叙述？

A. 无法反映社会地位 B. 不会具有僵固性

C. 可由单一变量决定 D. 行为表现较相似

21. 消费者在购买了昂贵重要的产品之后，或者所购买的产品出现一些问题之后，往往会怀疑自己的选择是否正确、其他的抉择是否更好等而产生心理上的失衡和压力。以上现象属于_____。

A. 决策失调　　　　B. 认知失调　　　　C. 自我失调　　　　D. 态度失调

22. 有别于组织市场，下列关于消费者市场的叙述，哪一项不正确？

A. 人数众多　　　B. 单次购买量多　　　C. 多次购买　　　D. 非专家购买

23. 消费者市场包含了许多不同角色的参与者。_____是指在消费的过程中，提出意见且左右购买决策的人。

A. 提议者　　　　B. 影响者　　　　C. 决策者　　　　D. 购买者

24. 一般而言，消费者购买决策的过程可分为五阶段：①信息搜集；②购后行为；③问题察觉；④方案评估；⑤购买。其正确顺序为_____。

A. ①→④→③→⑤→② B. ③→④→①→⑤→②

C. ③→①→④→⑤→② D. ①→③→④→⑤→②

25. 根据马斯洛的需求层级理论，人们内心的需求包括：①安全需求；②生理需求；③社会需求；④自我实现需求；⑤自尊需求。请依照最基本到最高层次的需求排列，顺序应为_____。

A. ①→②→③→④→⑤ B. ②→①→⑤→③→④

C. ②→①→③→⑤→④   D. ②→①→③→④→⑤

26. 关于"社会化过程"，下列叙述哪一项正确？

A. 指一个人参与群体、被群体接受、成为群体一分子的过程

B. 指一个人从婴儿时期，经历青少年时期，一直到老年的整个生命过程

C. 指一个人学习、接受社会规范与价值观念的过程

D. 指一个人进入职场后的学习过程

27. 消费者的心理因素对其购买决策的影响很大，下列哪一项并不属于心理因素？

A. 动机   B. 认知   C. 社会角色   D. 信念

28. 参考团体可区分为成员团体和非成员团体，主要依据为参考群体与被影响者之间是否具有相同的身份。下列叙述哪一项有误？

A. 在成员团体中，主要团体与次要团体的差别在于往来的密切程度

B. 影视歌星、运动员等是许多消费者的仰慕团体，因此常受邀担任广告代言人

C. 歌友会成员所形成的团体属于一种非成员团体

D. 意见领袖是指在团体内，对某项产品有深入的了解，并且对别人有影响力者

29. 一般而言，消费者对下列哪一种产品的涉入程度最高？

A. 汽水   B. 牙膏   C. 车子   D. 零食

30. 若消费者尚未对特定品牌有忠诚度，且购买产品时处于低涉入状态，则此时发生的购买行为较易倾向_____。

A. 复杂型的购买行为   B. 多变型的购买行为

C. 习惯型的购买行为   D. 后悔型的购买行为

31. 下列与"消费者行为"有关的名词解释中，哪一项正确？

A. "涉入程度"是指消费者认知失调的程度

B. "信念"是指某人对某个事物的一套主观看法，且自认为具有极高的正确性

C. "家庭生命周期"指一个人从出生、成长、结婚、生子到死亡的过程

D. "态度"是指对特定事物的一种完全正面且持续性的感受和评价

32. 若消费者在产生购买行为之前，经过了信念→态度→行为的阶段，则此消费行为属于_____。

A. 习惯性的购买行为   B. 降低失调的购买行为

C. 寻找多样化的购买行为   D. 复杂的购买行为

33. 对于消费者"学习"的叙述，下列哪一项不正确？

A. 古典制约学习是使两种刺激重复相伴出现，继而产生刺激代替现象，形成新的刺激反应联结

B. 操作型（工具型）制约学习是指个体从偶发性反应变成固定性反应，是由于个体反

应的后果发生了后效作用

C. 操作型（工具型）制约学习程序中，偶发性刺激的后效作用使得同样情境再出现时，原先偶发性反应的发生几率随之降低

D. 认知学习的历程是一种刺激和反应的联结，在行为形成的过程中注重行为的分析、塑造和增强的应用

34. 高涉入型的新产品采用过程包含了五个步骤：①评估；②知晓；③兴趣；④试用；⑤采用。其正确的先后顺序为_____。

A. ①→②→③→④→⑤ 　　　　　　B. ①→④→②→③→⑤

C. ②→③→①→④→⑤ 　　　　　　D. ②→①→③→④→⑤

35. 关于消费者常"习惯性购买"的产品，下列哪一项不是此类产品的特色？

A. 低成本 　　　　　　　　　　　　B. 产品间无显著差异

C. 日常用品 　　　　　　　　　　　D. 购买频率低

36. 母亲节到了，小玉在学校听她的好友小美建议，买一台果汁机给妈妈当礼物。因此，小玉回家就把此想法告诉姐姐，由姐姐去购买。下列叙述哪一项不正确？

A. 母亲是使用者 　　　　　　　　　B. 姐姐是购买者

C. 小美是决策者 　　　　　　　　　D. 小玉是发起者

37. 下列哪一项不是影响消费者行为的心理因素？

A. 人格 　　　　　B. 动机 　　　　　C. 认知 　　　　　D. 学习

38. 营销学所谓的"市场"，是指_____。

A. 某一特定的地点，例如万达百货公司、欧美市场

B. 某一群有特定欲望、需要或需求的人

C. 某一群有购买力的人

D. 某一群已购买某一特定产品的人

39. 在购买决策中，"问题察觉"具有下列哪一种特色？

A. 是购买决策的起点 　　　　　　　B. 是指消费者潜伏的未被发掘的需求

C. 是指消费者发现产品有瑕疵 　　　D. 是指厂商主动发觉产品的瑕疵

40. 在购买决策中，消费者的"唤起组合"具有下列哪一个特色？

A. 是消费者在任何情况下都会回忆起的广告

B. 是指厂商用于激发消费者需求的营销组合

C. 是指用于激发消费者购买意愿的试用品

D. 来自内部搜集

41. 下列哪一项不是消费者方案评估的基本因素？

A. 产品属性 　　　　　　　　　　　B. 属性的重要性

C. 品牌信念　　　　　　　　　　　　　D. 意见领袖的见解

42. 下列有关消费者品牌信念的叙述，哪一项正确？

A. 是全体消费者共有的客观想法

B. 是影响消费者品牌概念的主要因素

C. 消费者个人的主观想法

D. 品牌信念直接影响消费者的购买行为

43. "他人的态度"是影响最终购买决策的主要因素之一，这是为了考虑下列哪一种风险的影响？

A. 功能风险　　　　B. 社会风险　　　　C. 财务风险　　　　D. 心理风险

44. 下列哪一种因素，是决定消费者购买决策形态的主要因素？

A. 产品涉入程度　　B. 知觉风险　　　　C. 购买动机　　　　D. 产品知识

45. 购买下列哪一种产品时，最有可能采取广泛的购买决策形态（广泛决策）（Extensive Purchase Decision）？

A. 低单价的产品　　　　　　　　　　　B. 消费者对产品有足够的认知

C. 不同品牌之间有显著的差异　　　　　D. 产品种类很多

46. 下列哪一种购买决策形态，最有可能发生冲动性购买？

A. 广泛的购买决策形态　　　　　　　　B. 例行的购买决策形态

C. 有限的购买决策形态　　　　　　　　D. 忠诚的购买决策形态

47. 下列哪一个购买决策阶段会形成消费者的满意度？

A. 问题的察觉　　　B. 方案评估　　　　C. 购买　　　　　　D. 消费

48. 消费者的个人背景因素会影响其消费行为，下列哪一项不正确？

A. 认知年龄对消费行为的影响，大于实际年龄

B. 经济能力越差的消费者，越会采取广泛的购买决策形态

C. 对于购买量或金额的影响，财富的重要性高于所得

D. 经济能力越高，涉入程度越高

49. 下列哪一项不是生活形态的构成要素？

A. 意见　　　　　　B. 活动　　　　　　C. 职业　　　　　　D. 兴趣

50. 下列有关生活形态的叙述，哪一项正确？

A. 与产品相关的特定化生活形态信息，有助于产品定位的决策

B. 生活形态是持久不变的

C. 生活形态有助于广告诉求的表达

D. 生活形态只是一种概念，无法实际衡量

51. 下列有关马斯洛（Maslow）"需要层级理论"的叙述，哪一项正确？

A. 一个产品不可能同时满足多种需要

B. 追求需要的满足，是消费者的问题确认的动机来源

C. 在较低层次需要尚未满足前，一个人不可能追求更高层次的需要

D. 同一个产品，不可以依满足需要的层次，给予不同的诉求

52. 下列有关动机的叙述，哪一项正确？

A. 消费者的动机是一切购买行为的开端

B. 营销活动结合消费者表露的动机，比结合潜伏动机更能吸引、说服消费者

C. 消费者的动机是不能被塑造或改变的

D. 消费者在有足够的信息且有满意的评估结果后才会产生动机

53. 下列哪一项不是影响消费者的需求与购买决策的社会文化因素？

A. 家庭　　　　　B. 经济能力　　　　　C. 参考团体　　　　　D. 社会阶层

54. 下列关于消费者的学习的叙述，哪一项正确？

A. 消费者对于高涉入产品的学习，是通过行为的改变而改变其信念与态度

B. 信念是指一种普遍为消费者所接受的准则

C. 态度是指一种行为的倾向

D. 要提高消费者对于低涉入产品的学习效果，应采用中央路径的信息

55. 下列有关文化的叙述，哪一项正确？

A. 文化是静态且不容易改变的

B. 影响消费者行为的因素中，文化的影响范围最广泛

C. 次文化，是指次等的文化

D. 文化对于消费者行为的影响，是极为轻微的

56. 相较于消费者市场，企业市场不具有下列哪一种特征？

A. 牵涉购买决策的参与者较少　　　　　B. 较具有专业知识

C. 买卖双方较互相依赖　　　　　　　　D. 地理位置较为集中

57. 团体中的意见领袖，通常属于新产品采用过程中的_____。

A. 创新者　　　　B. 早期采用者　　　　C. 早期大众　　　　D. 晚期大众

58. 马斯洛人类需求五层次理论，主要是基于消费者的哪一项特征？

A. 文化因素　　　　B. 社会因素　　　　C. 个人因素　　　　D. 心理因素

59. 影响消费行为的社会因素除了家庭、小群体之外，还包括_____。

A. 财富　　　　　B. 生活形态　　　　C. 角色与地位　　　D. 信念与态度

60. 消费者以自己的观点解释广告或销售的信息，此现象称为_____。

A. 选择性记忆　　　B. 选择性注意　　　C. 选择性展露　　　D. 选择性扭曲

【章节详解】

1.（A）【题解】古典制约是让低涉入消费者对品牌产生好感的做法。

2.（A）【题解】习惯性购买行为发生于消费者涉入程度低时，而古典制约是让低涉入消费者对品牌产生好感的做法。

3.（A）【题解】马斯洛的需要层次依重要顺序，分别为生理需要、安全需要、社会需要、自我尊重需要及自我实现需要。一个人会先满足最重要的需要，当一个需要被满足，它就不再是当前驱策的因子，这个人会试着满足下一个最重要的需要。

4.（D）【题解】芝加哥的 Richard Thaler 认为，心智会计是基于一套重要的核心原则：消费者倾向分算利得、消费者倾向整合损失、消费者倾向整合小损失以换取较大利得、消费者倾向从大损失中分出小利得。

5.（A）【题解】品牌联想是由品牌有关的想法、感情、知觉、形象、经验、信念、态度等联结到品牌节点上。

6.（D）【题解】赫茨伯格双因子理论阐述不满足因子（会引发不满足的因素）及满足因子（会产生满足的因素）的区别。

7.（C）【题解】社会阶层是一种相对持久且有阶层次序的社会群体划分方式。其中，同一个阶层的成员拥有类似的价值观、兴趣以及行为模式。

8.（C）【题解】AIO 用来描绘消费者的生活形态，AIO 是指衡量活动、兴趣、意见（Activities，Interests，Opinions）。

9.（A）【题解】消费者经过五个阶段：需求确认、信息寻求、可行方案评估、购买决策及购后行为。

10.（C）【题解】逐次删除法：消费者随机选择属性（选择属性的随机性和重要性有关）来比较品牌，品牌未达到最低接受水平者被删除。

11.（C）【题解】思考可能性模式是对态度形成与改变具有影响力的模式，该模式说明消费者在高、低涉入情况的评估。

12.（D）【题解】消费者在购买与消费产品时所知觉的风险有：功能性风险：产品未能如预期般执行应有的功能。实体风险：产品对个人或他人人身安全有威胁。财务风险：产品不值得所支付的价格。社会风险：产品让人难堪。心理风险：产品影响用户的心智福祉。时间风险：产品不佳导致找寻其他更佳产品的机会成本。

13.（A）【题解】购买者的满意程度，是对产品的期望与对产品所知觉到绩效之间的差距。

14.（A）【题解】生活形态是指人们表现在活动、兴趣及意见等方面的一种生活模式，其中包括支配时间、金钱及心力的方式。

15. (B)【题解】一般而言，消费者从商业来源得到大部分的信息，即由营销人员所主导的来源。相对地，最有效的是人员来源。

16. (D)【题解】弗洛伊德认为人们行为受潜意识影响，人们并未完全了解自己的动机。

17. (B)【题解】态度是指一个人对某特定标的物或想法，持续有利或不利的认知评价、情绪性感觉及行为倾向。

18. (A)【题解】信念是一个人对某些事物持有的描述性看法；态度是指一个人对某特定标的物或想法，持续有利或不利的认知评价、情绪性感觉及行为倾向。

19. (B)【题解】定型的态度很难改变，要改变某单一态度也必须调整其他态度。厂商最好将产品配合现有的态度，而不是去改变顾客的态度。

20. (D)【题解】社会阶层是一种依照共通的社会经济状况而将人们区分为不同群体的分类方式。

21. (B)【题解】消费者在购买了昂贵的、重要的产品之后，或者所购买的产品出现一些问题之后，往往会产生认知失调，也就是，因怀疑自己的选择是否正确、其他的抉择是否更好等而产生心理上的失衡和压力。许多企业设立的以 400 开头的免费服务专线，目的之一在于让有疑问或不满的顾客有反映问题的渠道。

22. (B)【题解】消费者市场的特点为：人数众多、单次购买量少、多次购买、非专家购买。

23. (B)【题解】影响者是提出意见且左右购买决策的人。

24. (C)【题解】消费者购买决策的过程为：③问题察觉→①信息搜集→④方案评估→⑤购买→②购后行为。

25. (C)【题解】马斯洛的需求层级理论，由低到高排序为：②生理需求→①安全需求→③社会需求→⑤自尊需求→④自我实现需求。

26. (C)【题解】社会化过程意指一个人通过学习而接受社会规范与价值观念的过程。

27. (C)【题解】消费者的购买决策过程中，"心理因素"的影响包含动机、认知、学习、信念与态度。社会角色属于"社会文化因素"。

28. (C)【题解】非团体成员是指被影响的对象与该团体并没有同样身份，而且两者间少有面对面接触的机会，团体对个人的影响是间接的方式。歌友会的成员之间的身份平等，属于团体成员的一种。

29. (C)【题解】涉入程度是指对购买行动或产品的注重、在意、感兴趣的程度。一般而言，在购买重要、昂贵、复杂的产品时，涉入程度比较高，故本题选（C）。

30. (C)【题解】根据 Henry Assael 的购买类型，消费者在低产品涉入程度和品牌忠诚度低的情况下，会产生习惯性的购买行为。

31. (B)【题解】"涉入程度"指对购买行为或产品的注意、在意、感兴趣的程度。"家庭生命周期"是指人的一生中，由于婚姻与孩子状态的不同，所经历的不同家庭形态。"态度"是指对特定事物的感受和评价，可分为正、反两面，它也是一种行为倾向。

32.（D）【题解】复杂的（Complex）购买行为包含了信念→态度→行为的阶段。

33.（C）【题解】操作型（工具型）制约学习程序中，偶发性刺激的后效作用使得同样情境再出现时，原先偶发性反应的发生几率随之升高。

34.（C）【题解】新产品的高涉入采用者，其采用过程依序经过以下阶段：知晓→兴趣→评估→试用→采用。

35.（D）【题解】购买频率高。

36.（C）【题解】小美是影响者。

37.（A）【题解】人格是影响消费者行为的个人因素。

38.（B）【题解】（A）某一特定的地点，主要是许多市场的集中地或购买场所；（C）没有考虑到购买意愿；（D）没有考虑到尚未购买，但有购买能力或意愿潜在市场或现有市场。

39.（A）【题解】问题察觉是指消费者察觉实际状况比不上理想状况，因而产生购买动机。

40.（D）【题解】是消费者因问题察觉而联想的一组品牌名称。

41.（D）【题解】不是每一个人或每一个消费者对所有产品都有意见领袖的见解。

42.（C）【题解】概念→信念→态度→意愿→购买行为。

43.（B）【题解】不符合"他人的态度"会不利于社会关系与个人形象。

44.（A）【题解】产品涉入程度是主要影响因素。（B）、（C）、（D）是涉入程度的影响因素。

45.（C）【题解】昂贵、重要、了解有限、高涉入的产品，消费者较有可能采取广泛的购买决策形态。

46.（B）【题解】冲动性购买，是例行的购买决策形态的极端形态。

47.（D）【题解】满意度，取决于消费后的认知与事前期望是否有落差、失误归因等因素。

48.（D）【题解】经济能力越高，涉入程度越低。

49.（C）【题解】生活形态简称 AIO，亦即由活动（Activities）、兴趣（Interests）、意见（Opinions）所构成。

50.（C）【题解】（A）应是一般化的生活形态信息；（B）是容易改变的；（D）可以衡量。

51.（B）【题解】（A）可能；（C）可能；（D）可以。

52.（A）【题解】（B）结合消费者潜伏动机的营销活动更能吸引、说服消费者；（C）可以被塑造或改变；（D）未被满足的需求，是动机的主要来源。

53.（B）【题解】（B）经济能力属于人口统计变量。

54.（C）【题解】（A）高涉入产品的学习，是先有信念与态度的改变，才会有行为的改变；（B）信念是一个人对某一事物的主观看法；（D）应采用外围路径（Peripheral

Route）的信息。

55.（B）【题解】（A）文化是动态的；（C）次文化，是属于特定、较小群体的文化；（D）是极为深远的。

56.（A）【题解】企业市场牵涉购买决策的参与者较多。

57.（B）【题解】（B）早期采用者受到尊崇所引导，通常为团体中的意见领袖，对于新事物的接受很快但很谨慎。

58.（D）【题解】（D）马斯洛的动机理论说明了心理因素中的动机因素影响消费者购买决策，即人们因强烈压力的需求而迫使其不得不去寻找需求的满足。

59.（C）【题解】影响消费行为的社会因素为小群体、家庭及角色与地位。

60.（D）【题解】选择性扭曲是描述人们有将信息解释成支持自己的想法的倾向。

第四章 产品战略

1. 下列哪一项不是产品的有形特征？

A. 包装　　　　　　B. 品牌权益　　　　C. 重量　　　　　D. 材质

2. 在尚未进行新产品的管理流程之前，下列哪一项因素对消费性产品的成败影响最严重？

A. 厂商是否了解目标顾客的需要　　　　B. 厂商执行产品战略的方法

C. 厂商的产品战略　　　　　　　　　　D. 竞争者的产品战略

3. 厂商对于消费者经常性购买的便利品，常采取下列哪一种营销手法？

A. 编列较少的推广预算　　　　　　　　B. 较昂贵的价格

C. 在专卖店贩售　　　　　　　　　　　D. 广泛的产品配销

4. 选购品具有下列哪一种特性？

A. 编列较少的推广预算　　　　　　　　B. 价格便宜

C. 通常需到特定商店购买　　　　　　　D. 消费者经常购买

5. 某些产品的功能或特性在购买之前便可被判断与评价，如床垫的柔软度或是汽车的外观颜色等。上述指的是产品的哪一种特性？

A. 无形性　　　　　B. 搜寻品质　　　　C. 信任品质　　　D. 经验品质

6. 服务无法与商品一样摸得到、看得到、尝得到、听得到、感受得到，这是因为服务具有什么特性？

A. 无形性　　　　　B. 同时性　　　　　C. 变异性　　　D. 交互性

7. 即便是同一服务项目，消费者在接受服务的过程中，常因服务人员的不同而使服务成果有所差异，此源于服务的哪一种特性？

A. 无形性　　　　　B. 易逝性　　　　　C. 不可分割性　　D. 变异性

8. "它可以定义为任何形式，无论是喜欢或不喜欢，只要是在交换过程中所获取的便是。它可以是有形的或无形的，如一项服务、一个点子，或上述的结合。"以上内容确切地描绘出下列哪一个名词？

A. 交易　　　　　　B. 产品　　　　　　C. 品牌权益　　　D. 商标

9. 产品线是由一组高度相关的产品所组成的，因为_____。

A. 这组产品功能相似，且提供相似的利益　　B. 这组产品都制定相同的价格

C. 这组产品使用相同创意　　　　　　　　　D. 这组产品都使用相同原料

10. 为何产品是营销组合计划的始点？

A. 因为营销人员最重视产品战略

B. 因为产品品质很重要

C. 因为产品计划确认后，方能展开价格、推广与配销计划

D. 方便制造部门安排产品制程

11. 产品组合广度可定义为_____。

A. 公司每条产品线的平均产品数量　　　　　B. 公司提供产品类型的数量

C. 公司提供产品线的总数量　　　　　　　　D. 公司提供产品数量的总数

12. 下列哪一种情形不利于公司推展新产品？

A. 做出长期的承诺，以支持创新和新产品开发

B. 营造一个有利于达成新产品目标的环境

C. 了解顾客对新产品的需要

D. 以公司利益为主要考虑

13. 下列哪一项是将既存产品锁定在新的市场或新的区隔（细分），作为一种新产品的发展战略？

A. 重新定位　　　　　　　　　　　　　　　B. 扩散

C. 筛选市场　　　　　　　　　　　　　　　D. 区隔（细分）市场

14. 下列哪一项不是降低服务变异性的方法？

A. 提供有形的产品线索　　　　　　　　　　B. 利用机器设备辅助服务的进行

C. 对服务人员进行教育训练　　　　　　　　D. 将服务程序标准化

15. 新产品开发流程中，筛选与概念测试的作用是_____。

A. 发展适当的促销方法

B. 删除不适宜的创意以及预测消费者的接受度

C. 估算新产品的销售数量

D. 评估试销期间

16. 关于"同步产品开发"的叙述，下列哪一项正确？

A. 同步产品开发是增加产品上市的时间长度

B. 公司内部相关部门在同时间内一起工作，但须高度保密，以防供应商或配销商发现新产品开发的相关资讯

C. 在同步产品开发之下，所有相关的功能领域以及外部供应商皆可参与新产品开发流

程的所有步骤

D. 同步产品开发意指在相同的时间内开发多样的新产品

17. 就新产品扩散理论而言，在晚期大众群体中，引发他们采用与购买创新产品的主因是_____。

A. 通过口耳相传　　　B. 公共报道　　　C. 促销　　　D. 电视广告

18. 下列哪一种情况有助于新产品的采用速度？

A. 试用此产品的机会较少　　　　　　B. 鲜少看到他人使用此产品

C. 产品较复杂　　　　　　　　　　　D. 与既存产品具有高度兼容性

19. 对新产品而言，在产品生命周期的导入阶段，导入阶段的时间长短取决于_____。

A. 产品的包装精致度　　　　　　　　B. 产品的营销组合

C. 新产品的特性优于替代品　　　　　D. 产品的价格

20. 一般而言，产品生命周期中的哪个阶段历时最久？

A. 导入阶段　　　B. 成长阶段　　　C. 成熟阶段　　　D. 衰退阶段

21. 在没有任何计划或搜寻下所购买的商品称为_____。

A. 冲动品　　　B. 紧急品　　　C. 便利品　　　D. 选购品

22. 下列哪一种形态的创新产品为这个世界上前所未见的新产品？

A. 不连续的创新品　　　　　　　　　B. 缓和式的创新品

C. 冒险性创新品　　　　　　　　　　D. 改良式创新品

23. 下列哪一项将新产品开发流程与营销部门、事业单位和公司本身的目标串联在一起？

A. 商业分析　　　B. 新产品战略　　　C. 竞争分析　　　D. 试销计划

24. 汽车、咖啡、照明器材、微波炉、罐装玉米以及运动鞋都是下列哪一项的例子？

A. 产品类别　　　B. 产品线　　　C. 品牌的分类　　　D. 产品生命周期

25. 下列关于产品品质的论述，哪一项不正确？

A. 绩效品质是指产品基本特性、属性的运作程度

B. 一致性品质是指每个产品的规格是否一致且符合规定

C. 公司必须设计最高品质的产品才能符合市场的需要

D. 公司必须维持正面的品质形象

26. 下列关于产品生命周期的叙述，哪一项不正确？

A. 大多产品在导入期为负的利润

B. 公司可以在成长期时进入新的市场区隔（细分）以提高产品的销售量

C. 成长期时公司的广告战略应强调品牌的差异性与利益

D. 成熟期时公司应该防御市场占有率并使利润极大化

27. 下列关于产品组合的相关概念，哪一项正确？

A. 产品组合的深度是指公司提供产品线的总数

B. 产品组合的广度（宽度）是指公司产品线之间在生产、配销、用途等各方面的一致性

C. 产品组合的长度是指公司每一条产品线有多少款式与规格

D. 产品组合是指公司所有产品线与产品组合的集合

28. 下列关于新产品采用者如何参与扩散流程的叙述，哪一项不正确？

A. 一般而言，早期大众与晚期大众的人数最多

B. 一般而言，落后者的人数最少

C. 创新者通常是最早采用新产品的一群人

D. 晚期大众通常比较谨慎，因此会在大多数人都使用过新产品后才会采用

29. 就产品生命周期理论而言，下列的营销战略中哪一项较不适合厂商用来提高成长期的销售量？

A. 提供消费者试用品　　　　　　　B. 增加新产品的功能与特色

C. 使用新的营销渠道　　　　　　　D. 进入新的市场区隔（细分）

30. 下列关于产品生命周期中导入期的叙述，哪一项是正确的？

A. 在导入期时的竞争者最少　　　　B. 应使用密集式的配销

C. 主要顾客为创新者　　　　　　　D. 产品的利润是负的

【章节详解】

1.（B）【题解】产品特征可分为有形的部分与无形的部分，而代言人属于产品的无形特征。

2.（A）【题解】一项产品成功与否的关键在于能否达成利润与满足顾客需求。

3.（D）【题解】消费者经常购买便利品，但不会为了此类产品耗费太多心力广泛搜寻，厂商必须以大量贩售取胜，因此必须要有为数庞大的销售据点。

4.（C）【题解】选购品的典型代表项目为服饰、汽车与大型家电等。消费者经常到各个不同品牌商店进行产品的比较。

5.（B）【题解】搜寻品质指的是在购买之前容易评价的一种特性。

6.（A）【题解】服务与实体商品之间的基本差异在于无形性。因为服务无法如商品一般被触及、看见、品尝、听见或感觉。

7.（D）【题解】相较于有形产品，服务较不具标准性与一致性，因为服务的投入与产出具有较大的变异性。

8.（B）【题解】产品是指厂商提供给顾客满足其所需的东西，意即顾客通过购买此产品，满足他们的需要。

9.（A）【题解】产品线是由组织提供一组高度相关的产品所组成的，基本上是期望通过这组产品来达成相同的任务以及提供相同的利益。

10.（C）【题解】产品是营销组合中的第一个决策，也是其他战略的根基。

11.（C）【题解】产品组合广度（宽度）意指组织所提供的产品线的总数量。

12.（D）【题解】Booz、Allen 和 Hamilton 管理和科技顾问公司认为采取：做出长期的承诺行动；营造一个有利于达成新产品目标的环境；了解顾客对新产品的需要，在发展和推出新产品时比较可能成功。

13.（A）【题解】新产品包含六种类型：全新产品、新的产品线、现有产品线的新增产品、现有产品的改良或修正、产品重新定位以及低价产品。

14.（A）【题解】标准化与训练有助于提高服务上的一致性与可信任度。

15.（B）【题解】概念测试包含在原型被创造出来之前，向消费者描述产品概念，并征询消费者的意见。

16.（C）【题解】同步产品开发可将主要供应商纳入其中，利用他们的专业知识，借以缩短产品上市的时间，抢夺先机。

17.（A）【题解】晚期大众要等到他们大多数的朋友都已经采用，才会去接纳一个新产品。

18.（D）【题解】新产品需与既存商品的知识、过去的经验以及正确的需求相结合才会加快被采用的速度。

19.（C）【题解】导入阶段的时间长短取决于顾客对于产品特性的认知、提高产品知名度所需的努力以及管理者对新产品所投入的承诺。

20.（C）【题解】一般而言，成熟阶段是产品生命周期里最长的一个阶段，且大多数产品处在成熟阶段。

21.（A）【题解】冲动品指在没有任何计划或搜寻下所购买的商品，这类商品常到处陈列展示，以便原本不想购买的消费者发现时顺手买下。

22.（A）【题解】全新产品（不连续的创新）意指这些产品创造了一个完全的新市场，它是所有新产品的类别当中最少见的。

23.（B）【题解】新产品战略链接了新产品开发流程和营销部门、事业单位与公司的目标，新产品战略必须和这些目标相容，而这三种层级的目标也必须相互一致。

24.（A）【题解】产品类别是满足某特定需要的所有品牌。例如，当我们提到 DVD 放映机的产品生命周期，指的是所有品牌的 DVD 总销售情形，而不是指单一品牌。

25.（C）【题解】公司在设计产品时应该考虑目标顾客所需的绩效水平，而不是一味地追求最高品质。

26.（C）【题解】成熟期公司的广告战略应强调品牌的差异性与利益。

27.（D）【题解】产品组合的广度（宽度）是指公司提供产品线的总数；产品组合的一致性是指公司产品线之间在生产、配销、用途等各方面的一致性；产品组合的深度是指公司每一条产品线有多少款式与规格。

28.（B）【题解】一般而言，创新者的人数最少。

29.（A）【题解】提供消费者试用品比较适合运用在导入期。

30.（B）【题解】应使用密集式的配销战略。

第五章　品牌战略

1. 下列针对品牌与产品的说明，哪一项不正确？

A. 根据美国营销学会（AMA）定义，品牌是指名称、术语、符号、象征、设计或以上的组合

B. 一般而言，产品是指市场上任何可供消费者注意、获得、使用或消费的事物

C. 品牌能让产品拥有高度的差异化表现

D. 产品的重要性远大于品牌，因为产品的价值能长久维持，而品牌却无法如此

2. 品牌对于消费者和商品制造商都扮演着相当重要的角色，对于消费者来说，品牌所带来的价值包含下列哪些项目？a. 代表质量信号；b. 降低风险；c. 了解产品来源；d. 提升搜寻成本。

A. acd　　　　　　　B. bcd　　　　　　　C. abc　　　　　　　D. abcd

3. 品牌对于消费者和商品制造商都扮演着相当重要的角色，对于制造商来说，品牌所带来的价值包含下列哪些项目？a. 法律保障其产品独特特征；b. 赋予产品特定的联想方式；c. 一种竞争优势的来源；d. 消费者产品质量的满意符号。

A. abc　　　　　　　B. abd　　　　　　　C. bcd　　　　　　　D. abcd

4. 一位品牌经理人在进行战略品牌管理时通常会经历四个不同的阶段，倘若此品牌经理目前正在进行"品牌元素的选择"和"品牌整合营销活动的设计"，这两项活动属于下列战略品牌管理程序中的哪一个阶段？

A. 成长与维系品牌权益　　　　　　　B. 衡量与诠释品牌绩效

C. 设计与执行品牌营销方案　　　　　D. 厘定并建立品牌计划

5. 一位品牌经理人在进行战略品牌管理时通常会经历四个不同的阶段，倘若此品牌经理目前正在进行"品牌延伸战略"和"品牌组合"的规划，这两项活动属于下列战略品牌管理程序中的哪一个阶段？

A. 成长与维系品牌权益　　　　　　　B. 衡量与诠释品牌绩效

C. 设计与执行品牌营销方案　　　　　D. 厘定并建立品牌计划

6. 创造以顾客为本的品牌权益是企业在品牌战略发展上的重要目标，组成品牌权益的

要素为_____。

    A. 品牌知识　　　　　　　　　　　B. 消费者对于品牌营销活动的响应

    C. 差异化效果　　　　　　　　　　D. 以上皆是

7. 下列针对以顾客为本的品牌权益的相关说明，哪一项不正确？

    A. 品牌知识是创造品牌权益的关键

    B. 一个具有高品牌权益的品牌可以增加品牌延伸的机会

    C. 品牌知晓和品牌形象为构成品牌知识的两个要素

    D. 针对品牌形象的建立可以从品牌辨识和品牌回想两方面发展

8. 建立品牌的相同点和不同点联想为进行品牌定位时的一项重要活动，下列针对相同点和不同点的说明中哪一项不正确？

    A. 相同点联想是指建立起与其他同品类品牌所共享的利益与属性

    B. 不同点联想是一组属性或利益，目的在于提升消费者对于品牌的正向评价，并相信品牌所提供的利益或属性难以从竞争品牌手中获得

    C. 在实务上，操作不同点联想比相同点联想简单

    D. 在品牌相同点的操作上，目的是让消费者感受到品牌在此不同点上已经提供或是具备一定程度的属性或利益，并非是要让品牌和竞争对手看起来很相似

9. 成功的品牌经营可以为企业带来许多利益，而一个强势品牌带来的优势包含了下列哪些项目？a. 使消费者对于商品降价较具敏感性；b. 增加产品的授权机会；c. 使消费者对于涨价较为敏感；d. 提升品牌延伸机会。

    A. bc　　　　　　　B. ad　　　　　　　C. abd　　　　　　　D. bcd

10. 公司在思考发展品牌时，选择将既有品牌名称延伸到新的产品类别下继续使用，此种战略称为_____。

    A. 多品牌　　　　　B. 新品牌　　　　　C. 品牌延伸　　　　D. 产品线延伸

11. 当消费者走进一家 3C 购物商场时，他们能快速地认出某一个过去曾经接触过的手机品牌，这反映出此手机品牌有良好的_____。

    A. 品牌回想　　　　B. 品牌联想　　　　C. 品牌辨识　　　　D. 品牌延伸

12. 下列针对品牌知晓的说明，哪一项不正确？

    A. 消费者在进行购买决策的当下，品牌辨识扮演着重要的角色

    B. 品牌知晓的主要组成包含品牌辨识和品牌回想

    C. 品牌知晓不会影响品牌联想的强度

    D. 通过品牌简洁的标语可以增进品牌回想

13. 下列针对品牌联想的说明，哪一项不正确？

    A. 品牌联想的建立可能来自品牌属性或品牌利益

B. 品牌的用户形象属于品牌属性中的产品相关属性

C. 消费者会通过不同的方式形成对于品牌利益的信念

D. 一般而言，品牌利益可以分为功能性、经验性和象征性三类

14. 请依据发展品牌定位的程序，将以下项目进行正确的排序：a. 厘定适当的竞争参考框架；b.建立正确的"相同点"和"不同点"；c.选定"目标市场区隔（细分）"与"竞争范畴"；d. 发展合适的品牌定位。

    A. abcd   B. cbad   C. bcad   D. cabd

15. 根据品牌共鸣模型的发展，建立良好的行为忠诚度和社群感属于品牌共鸣模型中的哪一个阶段？

    A. 品牌感受   B. 品牌功效   C. 品牌凸显   D. 品牌共鸣

16. 下列针对品牌组合战略的一些描述，哪一项不正确？

A. 品牌延伸指公司使用母品牌，进入不同的产品类别

B. 副品牌是指新产品的品牌涵盖了母品牌名称和一个新的名称

C. 品牌组合是指企业在某一品类中，提供给消费者的产品与品牌组合

D. 一个企业设计品牌组合的基本战略在于极小化市场涵盖率和极大化品牌间重叠

17. 企业在思考发展品牌时，采用某一既有的产品类别下以同样的品牌名称推出新产品项目。此种战略称为_____。

    A. 多品牌   B. 新品牌   C. 共同品牌   D. 产品线延伸

18. 品牌战略的决策必须通过一系列的活动规划，以决策流程的角度来看，下列排序哪一项正确？

A. 品牌名称选择→品牌定位→品牌发展→品牌归属

B. 品牌名称选择→品牌发展→品牌定位→品牌归属

C. 品牌定位→品牌名称选择→品牌归属→品牌发展

D. 品牌定位→品牌名称选择→品牌发展→品牌归属

19. 下列哪一项为个别品牌（个别名称）战略的优点？

A. 开发成本较低

B. 可快速联结母品牌的知名度

C. 企业品牌的声誉不易受到个别品牌的失败而严重受损

D. 消费者接受度较高

20. 一般而言，私有品牌又经常被称为_____。

    A. 授权品牌   B. 商店品牌   C. 共同品牌   D. 全国性品牌

21. 品牌知晓和品牌形象为建构品牌权益的重要因素，品牌知晓的组成主要包含了下列哪些项目？a.品牌联想；b.知觉品质；c.品牌辨识；d.品牌回想。

A. ab   B. cd   C. acd   D. abcd

22. 品牌延伸问题为公司在发展品牌战略中一个重要的课题，良好的品牌延伸可以为公司带来下列哪些优点？a. 减少发展新品牌的成本；b. 减少促销费用的效用；c. 活化品牌，重建消费者对于品牌的喜好；d. 促进消费者对新产品的接受度。

A. abd   B. acd   C. ad   D. abcd

23. 一家公司在相同的品类中设计多个品牌以满足不同市场区隔（细分）的消费者。此种战略称为_____。

A. 副品牌战略 B. 混合品牌战略 C. 多重品牌战略 D. 品牌授权战略

24. 根据品牌共鸣模型的观点，一个理想品牌的发展应该注意下列哪几点？a. 理想品牌的发展应该着重于感性面的内涵；b. 理想品牌的发展应能同时在情感面和功能面说服消费者；c. 一个理想品牌的发展可以运用各种有形和无形的品牌联想去强化品牌形象；d. 品牌联想比品牌知晓重要。

A. ac   B. ad   C. bc   D. bd

25. 下列哪一种分析方法可以帮助品牌定位，并绘制出品牌的知觉图？

A. 因素分析 B. 多元尺度法 C. 甘特图   D. 结构方程模型

26. 衡量品牌权益为品牌管理的一项重要的工作。下列针对衡量品牌权益的说明中，哪一项不正确？

A. 营销人员可以运用质性研究方法来了解消费者的品牌认知

B. 品牌知晓无法运用量化研究进行衡量

C. 相较于量化研究，质性研究更适用于了解品牌联想和品牌权益的来源

D. 相较于质化研究，量化研究适用于品牌联想的强度和喜好度

27. 公司衡量品牌权益有多种不同的方法，有一种方法是以品牌权益的财务价值进行估计，如运用公司的资产负债表中品牌资产价值，则这种方法称为_____。

A. 联合分析法   B. 品牌基准比较法

C. 营销基准比较法   D. 价值评估法

28. 品牌权益的结果衡量可以分为比较法和整体法，下列哪几种方法属于比较法一类？a. 残值法；b. 联合分析法；c. 品牌比较基准法；d. 营销比较基准法。

A. ab   B. cd   C. abc   D. bcd

29. 活化品牌为企业维持和提升品牌价值的重要因素，下列选项中哪些是企业可以用来活化品牌的战略活动？a. 重新进行品牌定位；b. 寻找出新的消费者采用该品牌的情境或机会；c. 改变品牌元素；d. 寻找出该品牌使用上的新方法。

A. ac   B. bd   C. bcd   D. abcd

30. 企业在发展品牌时经常运用链接某些实体来辅助品牌联想并建构品牌权益，下列

选项中哪些是企业可用来和品牌链接的实体？a. 代言人；b. 配销渠道；c. 来源国；d. 其他品牌（共同品牌营销）；e. 运动赛事赞助。

  A. abcd   B. acde   C. abde   D. abcde

31. 品牌包含一些要素，下列哪一项不正确？

  A. 商标   B. 符号   C. 品牌个性   D. 销售人员

32. 下列哪一项是采用个别品牌决策的优点？

  A. 营销成本较低   B. 可用以建立企业形象

  C. 厂商可以拥有多种定位以掌握市场 D. 不同品牌间的形象声誉可以共享

33. 下列有关品牌权益的定义，哪一项不正确？

  A. 由品牌所联结的资产与负债所构成

  B. 两个外观、特性、功能等完全相同，但品牌不同的产品，两者的产品定价差异即为品牌权益

  C. 可通过提高产品质量，建立消费者对品牌的正面评价，提升品牌权益

  D. 品牌的资产如果小于负债，则品牌权益为负

34. 顾客对产品的品牌忠诚度是品牌权益的核心，下列相关论述哪一项不正确？

  A. 顾客长期使用同一品牌，只有当竞争品牌有促销时才转换品牌，称为具有品牌忠诚度

  B. 对品牌忠诚的顾客会建立良好的口碑，吸引新顾客前来惠顾

  C. 高品牌忠诚的顾客使厂商节省大量营销成本

  D. 高品牌忠诚的顾客可建立新厂商的进入障碍

35. "品牌"一词源自北欧文字"Brandr"，原意为_____。

  A. 烙印   B. 符号   C. 口号   D. 品质

36. 对于消费者而言，品牌的功能在于_____。

  A. 建立厂商与竞争品牌的差异化定位 B. 根据品牌权益决定产品愿付价格

  C. 浓缩信息与协助辨识不同产品   D. 以上皆是

37. 下列哪一项不是品牌联想可以提供给厂商的价值？

  A. 帮助提取与处理信息   B. 创造正面的品牌态度

  C. 作为品牌延伸的基础   D. 改善产品质量

38. 品牌名称是品牌的基本核心指标，也是厂商建立知名度与贯彻营销力量的基础。下列哪一项不应作为品牌命名的原则？

  A. 简单好记   B. 带有感情的字眼

  C. 能反映产品利益、属性、定位等 D. 发音不易或使人影射不雅事物

39. 消费者对品牌的反应除了来自品牌元素自身，更重要的是营销活动的影响。下列

哪一项的影响最小?

A. 产品的内在与外在属性 　　　　B. 定价的高低与折扣政策

C. 推广的方式与内容 　　　　　　D. 内部营销的普及程度

40. 品牌命名有一些原则可循,下列哪一项不正确?

A. 能够暗示产品的特性、质量或利益

B. 能够好念顺口,易于发音

C. 品牌名称字数越多,越能引起消费者的注意

D. 易于翻译成国外语言,有助于全球营销

41. 两个或以上的属于不同厂商的知名品牌,一起出现在产品上,其中一个品牌采用另一个品牌作为配件,称为_____。

A. 共同品牌 　　　B. 混合品牌 　　　C. 品牌延伸 　　　D. 品牌联想

42. 某个产品建立品牌之后,消费者对该品牌的反应,包括认知、感觉、印象等,统称为下列哪一项?

A. 品牌知名度 　　　B. 品牌知识 　　　C. 品牌权益 　　　D. 品牌忠诚度

43. 下列有关品牌权益的论述,哪一项不正确?

A. 品牌权益是品牌为商品带来的附加价值

B. 品牌权益是企业无形的、与竞争力息息相关的资产

C. 品牌权益由厂商自行认定

D. 品牌权益是一个总称,代表着与品牌认同、品牌忠诚度、品牌联想等相关的正反面效果

44. Aaker 品牌权益模式由五个层面构成,下列哪一项不在其中?

A. 品牌知名度 　　　B. 品牌忠诚度 　　　C. 品牌联想 　　　D. 品牌名称

45. 厂商将旗下的各种产品皆给予一个特定的品牌名称,称为_____。

A. 家族品牌 　　　B. 个别品牌 　　　C. 混合品牌 　　　D. 自有品牌

46. 制造商将已具知名度的品牌套用在新上市产品上,希望能将该品牌的形象传递给新产品,称为_____。

A. 共同品牌 　　　B. 混合品牌 　　　C. 品牌延伸 　　　D. 品牌联想

47. 下列哪一项是采用家族品牌决策的优点?

A. 营销成本较低 　　　　　　　　B. 可用以建立多个市场定位的价值

C. 厂商可以免除品牌老化的问题 　　D. 不同品牌间的形象声誉可以共享

48. 厂商采用促进员工与营销伙伴理解并认同公司品牌的过程,称为_____。

A. 品牌接触点 　　　　　　　　　B. 品牌知名度创造

C. 品牌内化 　　　　　　　　　　D. 是品牌联想的结果

49. 下列哪一项不是选择品牌元素的重要原则？

A. 好记好念　　　　　　　　　　B. 好名就会有好命

C. 可产生品牌联想　　　　　　　D. 道德与合法

50. 厂商采用品牌延伸战略时，希望获得下列哪一种成效？

A. 希望新产品延用知名品牌，以延伸消费者对原有品牌形象到新产品

B. 希望成为领导品牌

C. 希望能打击竞争者的品牌

D. 希望创造新的产品品牌形象价值

51. 中间商发展自有品牌，下列哪一项不是主要的原因？

A. 销售制造商品牌的产品销售毛利越来越小

B. 主要是为了打击制造商

C. 掌握商品成本与市场行情，有助于自身与供货商商谈"合理"的价格与服务

D. 较能掌握消费者的购买行为，有助于研拟营销战略

52. 厂商为每一种新上市的产品设定特定的品牌名称，称为_____。

A. 共同品牌　　　　B. 双品牌　　　　C. 个别品牌　　　　D. 品牌联想

【章节详解】

1.（D）【题解】虽然相同产品都能满足消费者的需求，但产品的需求可能随着时间和环境而消逝或是改变，品牌的价值能够通过良好的品牌经营管理而长久维持。

2.（C）【题解】品牌经常代表了一种质量信号并隐含象征意义，对于消费者在购买决策流程上可以降低减少消费者的搜寻成本，如搜寻时间等。

3.（D）【题解】对于制造商而言，品牌所带来的价值包含法律保障其产品独特特征、赋予产品特定的联想方式、一种竞争优势的来源、消费者产品质量的满意符号和财务收益的来源等。

4.（C）【题解】在设计与执行品牌营销方案阶段，公司对于品牌的管理聚焦在"品牌元素的选择"、"品牌整合营销活动的设计"和"辅助联想的运用"。

5.（A）【题解】在成长与维系品牌权益阶段，公司对于品牌战略管理上聚焦在发展和规划"品牌结构"、"品牌组合与阶层"、"品牌延伸战略"以及"品牌强化与活化"的活动。

6.（D）【题解】以顾客为本的品牌权益的主要构成要素包含品牌知识、消费者对品牌营销活动的回应和差异化效果。

7.（D）【题解】品牌辨识和品牌回想为品牌知晓的两个组成要素，而针对品牌形象的建立则可以从品牌属性和品牌利益两方面思考。

8.（C）【题解】在实务上，操作不同点联想比相同点联想困难，因为在不同点的发展上必须清晰地展现品牌的优点和差异为何。

9.（C）【题解】一个强势品牌经常可以让消费者对于商品的涨价较不敏感，但对于降价则较为敏感。

10.（C）【题解】品牌延伸战略为公司延伸既有的品牌名称到新的产品类别项目中。

11.（C）【题解】品牌辨识是指消费者能确认出曾经接触过此品牌的能力。例如，当一个消费者走进商店时，他能否辨识出曾经接触过此品牌。

12.（C）【题解】品牌知晓会影响品牌联想到的强度。

13.（B）【题解】品牌的使用者形象或是使用情境属于品牌属性中的"非"产品相关属性。

14.（D）【题解】一个有效的品牌定位的发展程序分别为：①选定"目标市场区隔（细分）"与"竞争范畴"；②厘定适当的竞争参考框架；③建立正确的"相同点"和"不同点"；④发展合适的品牌定位。

15.（D）【题解】在品牌共鸣模型中，品牌共鸣阶段的主要维度包含行为忠诚度、心理依附感、社群感和主动参与。

16.（D）【题解】一个企业设计品牌组合的基本战略在于极"大"化市场涵盖率和极"小"化品牌间重叠。

17.（D）【题解】产品线延伸战略为公司在某一既有的产品类别下以同样的品牌名称推出新产品项目。

18.（C）【题解】品牌战略规划的主要程序可分为四个阶段：品牌定位→品牌名称选择→品牌归属→品牌发展。

19.（C）【题解】个别品牌（个别名称）战略主要的优势在于企业的声誉不会因为个别品牌的失败而受到影响。

20.（B）【题解】私有品牌又经常被称为商店品牌或是销售商品牌，通过制造商将产品销售给零售商，再将产品冠上零售商的私有品牌。

21.（B）【题解】品牌知晓的组成有两部分，一为品牌辨识，二为品牌回想。

22.（B）【题解】良好的品牌延伸可以增加促销费用的效用而非减少。

23.（C）【题解】多重品牌战略是指一家公司在相同的品类中设计多个品牌以满足不同市场区隔（细分）的消费者，P&G为成功运用此种战略的企业代表。

24.（C）【题解】依据品牌共鸣模型，理想品牌的发展应该同时兼具理性和感性的联想。而品牌知晓和品牌联想则为品牌发展的重要因素，并无哪一项比较重要的观点。

25.（B）【题解】多元尺度法可以用来评估和分析整体品牌独特性和竞争定位的量化分析方法，一般又称为知觉图。

26.（B）【题解】品牌知晓的深度和广度皆可运用量化研究进行调查分析。

27.（D）【题解】价值评估法为企业经常用来评估品牌实际财务价值的一种方法，以此评估品牌权益的财务价值，如会计、并购和授权等目的。

28.（D）【题解】在衡量品牌权益的结果操作上，比较法强调运用实验设计的方式了解消费者对于品牌的想法、态度和行为，以此评估品牌知晓、品牌联想的强度、喜好度和独特性所创造出来的利益，残值法属于整体法而非比较法。

29.（D）【题解】品牌活化战略上可以分成两个方面思考，一方面是增加品牌知晓表现，另一方面是改善品牌形象。选项中 b 和 d 为增加品牌知晓的操作方法，而选项 a 和 c 为改善品牌形象的方法。

30.（D）【题解】品牌知识的辅助来源可以从人、事件、地点和其他品牌四个方面来思考，选项中 a 属于人的链接，选项 b 和 c 属于地点的链接，选项 d 和 e 则分属于其他品牌和事件的链接。

31.（D）【题解】品牌可以定义为一个名字、术语、符号、标记、设计和这些的组合，用来指认卖方的财货或服务，而有别于其他的竞争者。

32.（C）【题解】厂商可于同一类产品中拥有两个或更多的品牌，有利于发展不同的市场区隔（细分），进行不同的定位。

33.（B）【题解】（B）的产品定价差异，应改为消费者所愿支付的价格差异。

34.（A）【题解】若顾客对特定品牌有品牌忠诚度，则不会因竞争品牌的促销战略而转换品牌。

35.（A）【题解】原意为烙印，家畜的主人在牛羊身上烙印，以表达所有权。

36.（D）【题解】品牌厂商的功能、产品种类繁杂，消费者无法一一记住所有产品的特性，品牌则扮演了浓缩这些信息的角色。

37.（D）【题解】品牌联想有助于改善品牌形象或公司形象，但无法改善实质上的产品质量，厂商产品质量的改善有赖厂商产品的管理与研发。

38.（D）【题解】发音要好念，且在当地不会影射不雅事物。

39.（D）【题解】内部营销以公司内部员工为营销对象，对消费者较无直接的影响。

40.（C）【题解】品牌名称字数应该避免过多，否则会增加消费者记忆的困难度。

41.（A）【题解】共同品牌是指两个或以上的知名品牌一起出现在产品上。

42.（B）【题解】消费者对品牌的反应，包括认知、感觉、印象等，统称为品牌知识。

43.（C）【题解】品牌权益必须从顾客角度来判断，即顾客基础的品牌权益。

44.（D）【题解】品牌权益模式的五个层面包括品牌知名度、品牌忠诚度、知觉质量、品牌联想、专属的品牌资产。

45.（B）【题解】各种产品皆被安排一个特定的品牌名称，称为个别品牌。

46.（C）【题解】品牌延伸是将知名品牌套用在新产品上，希望能将该品牌的形象传递给新产品。

47.（A）【题解】厂商采用家族品牌的营销成本较低，厂商多半无须针对每一产品设计广告以提升新产品的品牌形象，且有利于新产品的发展，但若单一产品出现问题则容易影响所有产品的价值，亦容易产生品牌老化的负面效应。

48.（C）【题解】所有让消费者接触到、会影响品牌观感的活动，统称为品牌接触点。员工或渠道伙伴若误解品牌的特点与意义，将会对品牌造成伤害，因此促进员工与营销伙伴理解与认同品牌的过程称为品牌内化。

49.（B）【题解】好的品牌名称应配合目标市场的特性，具有意义、好念好记且醒目，可讨喜、具有延伸性，同时需受到保护并符合道德伦理与合法的，但不应迷信"好名就会带来好命"，因品牌权益的建构需厂商长期投入资源并持续维护。

50.（A）【题解】品牌延伸是将原有的知名品牌沿用于新产品上，希望能将该品牌形象传递给新产品。

51.（B）【题解】中间商发展自有品牌制造成本不见得低，不过却可通过委托制造了解商品的成本结构与市场行情，有助于与其他制造商谈判更合理的进货价格与服务，但并非主要是为了打击制造商。

52.（C）【题解】个别品牌战略是厂商为其旗下每一产品线设定特定的品牌名称。

第六章 定价战略

1. 对厂商而言，唯一可产生收益的营销组合要素是_____。

A. 产品   B. 价格   C. 渠道   D. 推广

2. 厂商将同一个产品设定不同的销售价格，称为_____。

A. 差别定价   B. 促销定价

C. 配套定价或捆绑定价   D. 心理定价

3. 影响定价战略的因素来自很多层面，下列哪一个影响因素最不合理？

A. 影响制造成本的因素，如原料价格

B. 影响渠道成本的因素，如渠道商的利润要求

C. 影响消费者愿付价格下限的因素，如收入

D. 影响竞争者调整价格的因素，如经济不景气

4. 何谓规模经济？

A. 随着销售量增加，单位收入随之增加

B. 随着生产量增加，单位变动成本维持不变

C. 随着销售量增加，单位利润随之增加

D. 随着生产量增加，单位固定成本维持不变

5. 数量折扣是指针对下列哪一种购买者给予折扣？

A. 大量购买者   B. 购买清仓货品者

C. 经常来店购买者   D. 高价购买者

6. 知觉价值定价法是指以消费者所认知的价值为定价基础。下列哪一项最不可能是影响知觉价值的因素？

A. 竞争品牌的价格   B. 产品品牌形象

C. 产品的式样外观   D. 产品的生产成本

7. 厂商推出新产品时，以吸脂定价决定产品价格。执行此定价战略有若干先决条件，下列哪一项不正确？

A. 消费者的价格敏感度很高

B. 消费者具有高价格代表高质量的想法

C. 品牌具有高知名度

D. 产品的独特性高，新颖且奇特

8. 从事每日低价战略的理由有很多，最重要的是下列哪一项？

A. 特价品通常摆在店面最显眼的地方，易于买了就走

B. 经常性且可预期的促销会造成消费者等待降价再购买

C. 随着产品销售量的提升，可考虑提高价格

D. 经常性的选取产品给予较低定价或较高折扣，可有效吸引更多消费者上门消费

9. 下列有关参考价格的论述，哪一项正确？

A. 厂商设定的参考价格通常都比较低　　　B. 消费者设定的参考价格是固定不变的

C. 参考价格就是实际售价　　　　　　　　D. 参考价格是一种心理定价法

10. 若厂商欲采用特殊事件定价战略，则最适合采用下列哪一种市场区隔（细分）基础，界定目标市场？

A. 生活形态　　　　　B. 可支配收入　　　　C. 消费场合　　　　D. 使用频率

11. 厂商采取市场渗透定价的主要目的是＿＿＿＿＿＿＿＿。

A. 追求目前获利最大化　　　　　　　　　B. 成为产品质量的领导者

C. 降低研究开发费用　　　　　　　　　　D. 追求市场占有率极大化

12. 营销人员认为消费者常是主动处理价格信息，以自己的购买经验、正式沟通、非正式沟通，以及购买点或在线资源来解读价格。相对的，许多经济学家假设消费者是＿＿＿＿＿＿＿＿。

A. 价格影响者　　　B. 价格分析者　　　C. 价格支付者　　　D. 价格接受者

13. 消费者购买时会考虑下列哪些可能的参考价格？

A. 公平价格（产品应含的成本）　　　　　B. 最后支付价格

C. 未来期望价格　　　　　　　　　　　　D. 以上皆是

14. 在许多商品中，制造商所建议的零售价格通常和最后零售价格毫无关系。上述建议售价是为了建立消费者的＿＿＿＿＿＿＿＿。

A. 标准价格　　　　　　　　　　　　　　B. 内在参考价格指标

C. 外在参考价格　　　　　　　　　　　　D. 合理价格区间

15. 一般而言，＿＿＿＿＿＿＿＿的消费者，价格敏感度较高。

A. 高收入　　　　B. 有特殊需求　　　　C. 创新采用者　　　D. 模仿采用者

16. ＿＿＿＿＿＿＿＿是不同价格下的购买量，是许多个别消费者对不同价格敏感度的反应集。

A. 需求曲线　　　　B. 需求集合　　　　C. 选择集合　　　　D. 供给曲线

17. 下列哪一项是导致价格敏感低的因素？

A. 经常举行促销

B. 支出占消费者收入的比率高

C. 替代品间的质量容易比较

D. 购买者对替代品知晓不多

18. 相对于西方国家的消费者，亚洲消费者多数认为金钱的花费应该量入为出。因此，在价格方面大都是_____。

A. 价格敏感度低的购买者

B. 务实的购买者

C. 低涉入的消费者

D. 不具价格弹性的消费者

19. 价格无差异范围是指在此范围内_____。

A. 需求曲线斜率为正

B. 销售量不受价格变化的影响

C. 价格无弹性

D. 参考价格变动对销售量没有影响

20. _____代表平均成本因累积的生产经验而下降。

A. 需求曲线　　　　B. 学习曲线　　　　C. 销售累积曲线　　　　D. 等产量线

21. 公司根据顾客所在的不同地点来定价属于_____。

A. 价值定价　　　　B. 价格折扣　　　　C. 地理定价　　　　D. 产品形式定价

22. _____是制造商鼓励中间商大批量订货，扩大销售，争取顾客，并与生产企业建立长期、稳定、良好的合作关系。

A. 功能性折扣　　　　B. 上架费　　　　C. 数量折扣　　　　D. 现金折扣

23. _____会侵蚀产品的知觉价值。

A. 品牌推广　　　　B. 折扣　　　　C. 赞助活动　　　　D. 价值定价战略

24. _____常是人为地将价格提高，再加以降价。例如，原价399元，特价329元。

A. 差别定价　　　　B. 两阶段定价　　　　C. 心理折扣　　　　D. 心理定价

25. 下列哪一项是差别定价？

A. 合同定价　　　　B. 产品形式定价　　　　C. 成本定价　　　　D. 欺骗定价

26. 降价战略对品牌可能有什么危机？

A. 顾客可能认为质量降低

B. 顾客满意度提高

C. 成为市场领导厂商

D. 产品成本降低

27. 中国市场 iPhone 价格高于其他国家，Apple 公司使用这种差别定价要想成功，需有什么条件？

A. 市场是不可区隔（细分）的

B. 低价区隔（细分）内的成员可转售产品至高价区隔（细分）

C. 区隔（细分）与管理市场的成本低于价格差异后的收益

D. 竞争者在高价区隔（细分）内可低价促销

28. _____表示在此区间不管价格如何改变，对销售不会有任何效果。

A. 最佳折扣价格范围　　　　　　　　　B. 舒适价格范围

C. 价格无差异范围　　　　　　　　　　D. 最适价格区间

29. 一场关于智能型手机的价格研究中，估计出小敏的价格敏感度是-0.97、小华的价格敏感度是-1.87、小伦的价格敏感度是-0.16。下列哪一项正确？

A. 小敏的价格敏感度最高　　　　　　　B. 小伦的价格敏感度最高

C. 小华的价格敏感度比小敏高　　　　　D. 笔记本电脑对小华来说是奢侈品

30. _____是零售商实行"每日低价"战略的理由。

A. 塑造顾客价格最实惠的印象

B. 针对有时间搜集折价券的顾客区隔（细分）具有吸引力

C. 物价上涨

D. 生活形态改变

31. _____是厂商根据竞争者的价格来定价，厂商可将价格定得与竞争者相同、高一点或低一点。

A. 市场攻击定价　　　　　　　　　　　B. 现行水平定价

C. 最低价保证　　　　　　　　　　　　D. 区别定价

32. 下列影响产品价格的因素中，哪一项属于内部因素？

A. 竞争厂商　　　　B. 顾客反应　　　　C. 营销组合战略　　　　D. 法令规定

33. 下列哪一项不是差别定价的例子？

A. 电影院售票分军警、全票、儿童票　　B. 冷气机在冬天时的售价通常较低

C. 便利超商相同的冷饮，第二瓶六折　　D. 航空公司依不同座舱制定不同价格

34. 下列哪一种情况不适用"吸脂定价战略"？

A. 消费者购买能力差　　　　　　　　　B. 限量商品

C. 消费需求高的产品　　　　　　　　　D. 产品质量高

35. 下列_____属于竞争导向定价法。

A. 心理定价法　　　　　　　　　　　　B. 模仿定价法

C. 畸零定价法　　　　　　　　　　　　D. 认知价格定价法

36. 下列关于促销定价方式的叙述中，哪一项是错误的？

A. 促销定价属于短期调整价格的方式

B. 百货公司周年庆属于牺牲打折（牺牲定价）方式

C. 顾客大量购买某商品时，商品的单价可以打折，这属于数量折扣

D. 许多商店摆出"全店二折起"的海报，属于牺牲打折方式

37. 为了取得较高的市场占有率，某厂商在新产品上市时，以低价吸引大量消费者购

买。这是哪一种定价战略？

A. 心理定价法　　　　　　　　　　B. 差别定价法

C. 市场渗透定价法　　　　　　　　D. 成本加成定价法

38. 有关"畸零定价"的描述，下列哪一项正确？

A. 将产品限量生产，形成物以稀为贵的心理价值

B. 依顾客对产品长期的习惯价格来定价

C. 以畸零的数字来定价不采用整数，让顾客在心理上将价格归类在较便宜的区间

D. 用特别高的价格让消费者觉得产品具有较高的质量

39. 下列叙述哪一项不正确？

A. 新产品导入期及成长期可采用吸脂定价，以快速回收成本

B. 畸零定价属于低价定价战略

C. 新产品导入期及成长期可采用渗透定价战略，以快速提升市场占有率

D. 吸脂定价是采用高价战略

40. 下列哪一项不属于可以采取低价战略的情况？

A. 低价可抑制实际与潜在的竞争

B. 市场具有低度的价格敏感度

C. 制造与渠道成本可以随制造经验的累积而下降

D. 低价可以刺激市场的成长

41. 下列哪一情况不适用市场吸脂定价法？

A. 少量的消费者且其有低的实时需求

B. 少量生产的单位制造成本不会太高而抵销高价带来的利润

C. 高价不会吸引更多竞争者的进入

D. 高价传达顶级商品的形象

42. 企业在制定价格战略时要进行：①分析竞争者的产品、成本及价格；②估计成本；③决定需求；④选择定价方法；⑤选择定价的标的；⑥选择最后价格等步骤，则正确的步骤是_____。

A. ②③④⑤①⑥　　　　　　　　B. ④⑤②③①⑥

C. ⑤①②③⑥④　　　　　　　　D. ⑤③②①④⑥

43. 导致价格敏感度低的原因，不包括_____。

A. 购买者对替代品的注意较少　　B. 该产品具有特殊性

C. 购买者易比较替代品的质量　　D. 部分的费用是由他人所支付

44. 依据三脚凳分析法，_____是企业定价的底线。

A. 成本　　　　B. 顾客知觉价值　　　　C. 竞争者价格　　　　D. 顾客愿付价格

45. 将制造成本加上一定加成的定价法，这是下列哪一种定价法？

A. 价值定价法
B. 比价定价法
C. 加成定价法
D. 目标报酬定价法

46. 下列哪一项是许多公司实行加价定价法的原因？

A. 加价定价法比预估需求更易进行

B. 加价定价法被认为对买卖双方是最公平的方法

C. 若整个产业均实行加价定价法，可使彼此定价战略相似

D. 以上皆是

47. 公司可以利用哪些方法来判断公司所提供的产品或服务的价值？

A. 焦点群体
B. 主管的判断
C. 调查
D. 以上皆是

48. 对高质量的产品收取较低的价格以获取忠诚顾客，这是下列哪一种定价法？

A. 价值定价法
B. 比价定价法
C. 加成定价法
D. 认知价值定价法

49. 重新策划公司的营运而成为低成本的制造者，维持原有的质量，较低的价格确实吸引价值认知的消费者，这是下列哪一种定价法？

A. 比价定价法
B. 拍卖式定价法
C. 价值定价法
D. 目标报酬定价法

50. 公司以竞争者的价格为基础制定价格，这是下列哪一种定价法？

A. 比价定价法
B. 目标报酬定价法
C. 拍卖式定价法
D. 价值定价法

51. _____是指公司对不同国家与地点的不同顾客制定不同价格的战略。

A. 价值定价法
B. 地域定价法
C. 目标报酬定价法
D. 加成定价法

52. 在选择最后价格时，公司必须考虑的额外因素是_____。

A. 公司定价政策
B. 风险与获利分享的定价
C. 其他营销活动的冲击
D. 以上皆是

53. 造成价格竞争激烈的原因，不包括_____。

A. 竞争者或替代品有更宽的渠道
B. 该产业有产能不足的现象
C. 替代品增加
D. 竞争者增加

54. 下列哪一情况的发生反而会减少价格竞争的现象？

A. 人际关系重要

B. 转换成本相当低

C. 时间与地点的特定性使选择富有弹性

D. 使用竞争替代方案的非价格成本相当低

55. _____ 就是价格定制化的概念，也就是以相同的产品对不同的顾客收取不同的费用。

A. 歧视定价　　　　　B. 利润定价　　　　　C. 收益管理　　　　　D. 促销定价

56. 当成本难以衡量或竞争反应不确定时，哪一种定价法是最好的解决方案？

A. 价值定价法　　　　　　　　　　B. 比价定价法

C. 地域定价法　　　　　　　　　　D. 认知价值定价法

57. 当零售商实行每天都低价定价战略时，即为收取固定的价格，无任何促销与特别折扣，则此种定价战略是哪一种定价法的一个重要类型？

A. 拍卖式定价法　　B. 认知价值定价法　　C. 价值定价法　　D. 加成定价法

58. 互惠贸易（Countertrade）占世界贸易总额的15%~20%，而且有多种形态，其中包括_____。

A. 买回协定（回购贸易）　　　　　B. 抵销

C. 以物易物　　　　　　　　　　D. 以上皆是

59. 直接以物品作为交换，没有金钱与第三方涉入，此属于互惠贸易的哪一种形态？

A. 以物易物　　　　　　　　　　B. 补偿金交易

C. 买回协定（回购贸易）　　　　　D. 抵销

60. 销售商卖技术、设备或厂房给其他国家时，允诺接受以技术、设备或厂房所生产的产品当作部分付款。此属于互惠贸易的哪一种形态？

A. 补偿金交易　　　　　　　　　　B. 抵销

C. 买回协定（回购贸易）　　　　　D. 以物易物

61. 公司实施的高低定价战略会引起哪些困境？

A. 让品牌忠诚度高的消费者对产品产生质疑

B. 虚弱的市场占有率

C. 非促销时期消费者将会移转至其他品牌

D. 以上皆是

62. 销售商获得全额的现金，但是同意将部分现金于一定期间内在当地消费。此属于互惠贸易的哪一种形态？

A. 买回协定（回购贸易）　　　　　B. 抵销

C. 补偿金交易　　　　　　　　　　D. 以物易物

63. 下列哪一种定价会侵蚀产品的价值认知，且为公司对所提供的产品或服务创造惊奇的方式？

A. 折扣定价　　　　　B. 歧视定价　　　　　C. 利润定价　　　　　D. 地域定价

64. _____是指公司使用两个或多个价格来销售产品或服务，且该价格与成本无关。

    A. 利润定价　　　　　　B. 折扣定价　　　　　　C. 促销定价　　　　　　D. 歧视定价

65. 关于歧视定价的叙述，下面哪一项正确？

    A. 第一级的价格歧视是指销售者依据每一位顾客的需求强度来分别取价

    B. 第二级的价格歧视是指对购买量较大的顾客收取较低的价格

    C. 第三级的价格歧视是指对不同等级的顾客收取不同的价格

    D. 以上皆是

66. 当领导品牌面对商店私有品牌的低价战略时，领导品牌可采取某些应对方式，但不包括_____。

    A. 维持价格　　　　　　　　　　　B. 维持价格与同时增加价值

    C. 涨价但不改善质量　　　　　　　D. 降价

67. 销售商获得部分的物品或部分的现金作为补偿。此属于互惠贸易的哪一种形态？

    A. 抵销　　　　　　　　　　　　　B. 补偿金交易

    C. 以物易物　　　　　　　　　　　D. 买回协定（回购贸易）

68. 下列哪一项为常见的价格上涨方式？

    A. 价格歧视　　　　B. 减少折扣　　　　C. 延迟报价　　　　D. 以上皆是

【章节详解】

1.（B）【题解】价格是指消费者为了取得某个有价值的产品而必须支付厂商的金额。其余三个要素皆需要厂商投入资源，方能执行。

2.（A）【题解】差别定价是指同一个产品却有不同的价格，价格差异与成本没有直接关联。

3.（C）【题解】消费者的愿付价格是厂商定价的上限，故厂商想了解消费者的愿付价格上限，而非下限。

4.（C）【题解】规模经济是指随着生产量或销售量增加，固定成本不变，造成单位成本随之下降的现象，这也意味着单位利润（即单位收入减单位成本）随之增加。

5.（A）【题解】数量折扣是指顾客在大量购买时，产品的单位价格可以打折。

6.（D）【题解】生产成本是厂商定价的底线，厂商会避免消费者得知，以免被杀价。

7.（A）【题解】吸脂定价是指制定很高的价位，厂商从中赚取高额利润。消费者的价格敏感度越高，越会因价格上升而降低购买意愿，故并非吸脂定价的目标市场。

8.（D）【题解】许多顾客只在降价时才购买商品，故成功的每日低价战略会使顾客意识到价格是合理的，进而就会更多、更经常地购买。

9.（D）【题解】厂商设定的参考价格通常较高，称为建议售价，不是实际售价。消费者设定的参考价格，随时受到记忆中的价格水平与厂商的建议售价所影响，并非固定不变。

10.（C）【题解】特殊事件定价是指厂商在特定节日制定特定价格，以此吸引特定节日有特定消费行为的顾客，故适合以消费场合界定目标市场。

11.（D）【题解】市场渗透定价是指尽量将价格定得很低，以赢得很大的市场占有率。

12.（D）【题解】营销人员认为消费者常主动处理价格信息，以自己的购买经验、正式沟通、非正式沟通，以及购买点或在线资源来解读价格。相对的，许多经济学家假设消费者是价格接受者，面对各种价格都接受。

13.（D）【题解】消费者可能的参考价格：①公平价格（产品应含的成本）；②通常价格；③最后支付价格；④通常折扣价格；⑤最上限价格（预定价格）；⑥最低限价格（最低门槛价格）；⑦竞争者价格；⑧未来期望价格。

14.（C）【题解】消费者经常拿看到的价格和内在的参考价格（记忆中的价格信息）或外在参考价格（如零售价格或建议售价）作比较。

15.（D）【题解】一般而言，消费者对成本高的或经常买的产品，价格敏感度最高；对低成本项目或不经常买的商品敏感度低。创新采用者价格敏感度较低，模仿采用者价格敏感度较高。

16.（A）【题解】需求曲线是不同价格下的购买量，是许多个别消费者对不同价格敏感度的反应集。

17.（D）【题解】当产品越独特、购买者对替代品知晓不多、替代品间的质量难以比较、当支出占消费者收入的比率低、当支出占最终产品成本的比率低、他人共同分摊产品的成本时、该产品需和先前的资产共享时、产品有较好的质量、尊贵与独家性、购买者无法储存产品等是导致价格敏感低的因素。

18.（B）【题解】相对于西方国家的消费者，亚洲消费者在价格方面大都是价格敏感度高、务实的购买者。

19.（B）【题解】价格无差异范围，那么有时无论价格如何改变，并不会有任何效果。

20.（B）【题解】学习是指一个人通过经验来改变行为。

21.（C）【题解】地理定价是公司根据顾客所在的不同地点与国家来定价。

22.（A）【题解】功能性折扣是制造商提供给经销商或渠道成员执行某些功能，如销售、存货或记账的赞助。制造商常提供不同的功能性折扣给执行不同功能的不同渠道成员。

23.（B）【题解】折扣会侵蚀产品的知觉价值。

24.（C）【题解】心理折扣常是人为地将价格提高，再加以降价。

25.（B）【题解】差别定价有多种形式：顾客区隔（细分）定价（电影票）、产品形式定价（矿泉水小包装较贵）、形象定价（香水）、渠道定价、位置定价（音乐会）、时间定价（电话费）。

26.（A）【题解】降价战略可能的危机：①低品质陷阱：顾客可能认为低价低质量。②脆弱占有率陷阱：因低价而购买产品的顾客，可能亦会因其他厂商的更低价而离去。③顾客贪利而非忠诚：此种市场占有率得的辛苦也不持久。④浅袋陷阱：高价竞争厂商可降价且持久，因其有较多的降价空间或现金准备。

27.（C）【题解】差别定价是厂商以两种以上的价格销售相同的产品或服务。例如，供电公司卖给工厂与民众的电价不同，电信业者推出离峰时段的价格优惠方案，雨伞晴雨天的价格不同等。差别定价要能成功需要有某些条件：①市场是可区隔（细分）的，且不同区隔（细分）有不同需求密度；②低价区隔（细分）内的成员不可转售产品至高价区隔（细分）；③竞争者在高价区隔（细分）内无法低价促销；④区隔（细分）与管理市场的成本不可超过价格差异后所带来的收益；⑤此做法不至于令顾客产生反感。

28.（C）【题解】价格无差异范围表示在此区间内不管价格如何改变，对销售不会有任何效果。

29.（C）【题解】价格敏感度通常为负值，三者价格敏感度依次为小华最高、小敏其次、小伦最低。小伦的价格敏感度为正值，表示价格每提高1%，他的购买意愿是稍有提高的，因此反映他对价格变动比较不敏感。

30.（A）【题解】零售商实行每日低价的理由是因为销售与促销活动成本高，同时顾客对货架上的价格可能失去信心，也没有耐心和时间搜集折价券。此外，每日低价对没有耐心和时间搜集折价券的顾客区隔（细分）具有吸引力。

31.（B）【题解】现行水平定价法，是厂商根据竞争者的价格来定价，厂商可能将价格定得与竞争者相同、高一点或低一点。例如，台塑常根据中油的价格调整定价，但维持价格差异。

32.（C）【题解】影响价格的内部因素有：组织与营销目标、定价目标、成本、其他营销组合变量；外部因素有：市场需求（顾客反应）、竞争对手、法令规定、渠道因素。

33.（C）【题解】将两件以上可分开销售的产品重新整合为一件，再以折扣方式出售，应为捆装定价。

34.（A）【题解】吸脂定价战略的产品价格较高，所以当消费者的购买能力较差时，不适宜使用吸脂定价战略。

35.（B）【题解】竞争导向定价法，是以竞争者的价格与反应为定价基础，所以模仿对手的定价属于此类方法。

36.（B）【题解】百货公司周年庆属于促销折扣方式刺激消费。

37.（C）【题解】市场渗透定价法，是指在产品导入期用低价销售，以求快速提高市场占有率。

38.（C）【题解】（A）与（D）为名望定价，（B）为习惯性定价。

39.（B）【题解】畸零定价属于心理定价。

40.（B）【题解】市场具有高度的价格敏感度。

41.（A）【题解】拥有足够数量的消费者且其有很高的实时需求。

42.（D）【题解】企业制定价格战略的六个步骤依序为：①选择定价的标的；②决定需求；③估计成本；④分析竞争者的产品、成本及价格；⑤选择定价方法；⑥选择最后价格。

43.（C）【题解】买者不容易比较替代品的质量。

44.（A）【题解】在三脚凳分析法中，定价底线是企业需回收的成本，顾客对该产品的知觉价值则为定价的上限。

45.（C）【题解】加成定价法是最基本的定价方法，是指将制造成本加上一定加成的定价法。

46.（D）【题解】许多公司实行加价定价法的原因为此方法比预估需求更易进行，若整个产业均实行此方法，可使彼此定价战略相似。另外，此方法亦被认为对买卖双方是最公平的方法。

47.（D）【题解】公司可以利用主管的判断、焦点群体、相似产品的价值、调查、实验、历史资料分析及联合分析等方法来决定提供物的价值。

48.（A）【题解】价值定价法是指对高质量的产品收取较低的价格以获取忠诚顾客。

49.（C）【题解】价值定价法是重新策划公司的营运而成为低成本的制造者，维持原有的质量，较低的价格确实吸引价值认知的消费者。

50.（A）【题解】比价定价法是指公司以竞争者的价格为基础。

51.（B）【题解】地域定价法是指公司对不同国家与地点的不同顾客制定价格战略。

52.（D）【题解】在选择最后价格时，公司必须考虑的额外因素有公司定价政策、其他营销活动的冲击、风险与获利分享的定价以及其他团体价格的冲击。

53.（B）【题解】该产业有产能过剩的现象。

54.（A）【题解】当使用竞争替代方案的非价格成本高昂、人际关系重要、转换成本高昂及时间和地点的特定性使选择缺乏弹性中的某一情况发生时，反而会减少价格竞争的现象。

55.（C）【题解】收益管理就是价格定制化的概念，也就是以相同的产品对不同的顾客收取不同的费用。

56.（B）【题解】比价定价法是成本难以衡量或竞争反应不确定时最好的解决方案。

57.（C）【题解】价值定价法的一重要类型是每天都低价（Everyday Low Pricing，EDLP）且为零售价。

58.（D）【题解】互惠贸易占世界贸易总额的 15%~20%，而且有多种形态，包括买回协定（回购贸易）、抵销、以物易物及补偿金交易。

59.（A）【题解】以物易物是指直接以物品作为交换，没有金钱与第三方涉入。

60.（C）【题解】买回协定（回购贸易）是指销售商卖技术、设备或厂房给其他国家时，允诺接受以技术、设备或厂房所生产的产品当作部分付款。

61.（D）【题解】其经常性的促销活动只能对价格敏感性高的消费者产生利益，虽然能快速提升总体销售量，但长期而言却会对品牌价值造成威胁，因为经常性的促销活动会使得忠诚消费者产生反激励。

62.（B）【题解】抵销是指销售商获得全额的现金，但是同意将部分现金于一定期间内在当地消费。

63.（A）【题解】折扣定价已成为公司对所提供的产品或服务创造惊奇的方式，且折扣会侵蚀对产品的价值认知。

64.（D）【题解】歧视定价是指公司使用两个或多个价格来销售产品或服务，且该价格与成本无关。

65.（D）【题解】第一级的价格歧视是指销售者依据每一位顾客的需求强度来分别取价；第二级的价格歧视是指对购买量较大的顾客收取较低的价格；第三级的价格歧视是指对不同等级的顾客收取不同的价格。

66.（C）【题解】当领导品牌面对商店私有品牌的低价战略时，可以应对的方式有：维持价格、维持价格与同时增加价值、降价、提高价格并改善质量及推出低价的产品线。

67.（B）【题解】补偿金交易是指销售商获得部分的物品或部分的现金作为补偿。

68.（D）【题解】常见的价格上涨方式有价格歧视、减少折扣、延迟报价及伸缩条款。

第七章　渠道战略

1. 下列哪一项不是供应链成员？

A. 制造商　　　　　　B. 中间商　　　　　　C. 顾客　　　　　　D. 以上皆是

2. 有关密集式分销与独家式分销，下列论述哪一项不正确？

A. 前者较适合日常用品的分销

B. 后者较适合耐用品的分销

C. 前者的市场涵盖范围较广

D. 后者需要高度的品牌忠诚度或店家忠诚度

3. _____是指制造商通过邮购、电视、广播、网络等，直接将产品销售给消费者。

A. 超级市场　　　　　B. 电子商务　　　　　C. 购物中心　　　　　D. 无店面零售

4. 便利店的规模通常比较小，且多位于住宅区附近。下列哪一项不是其所提供的便利性？

A. 24 小时营业且全年无休　　　　　　B. 提供少量多样的商品

C. 服务亲切且结账快速　　　　　　　　D. 免费宅配商品到家

5. 商业区域是由一群商店形成的地理区域，下列叙述哪一项不正确？

A. 都会型区域是指都市中许多人（包含都市居民与外来游客）的主要购物、休闲的地方

B. 小区型区域以上班人员为主，通常白天生意比晚上好

C. 校园型区域以学生为主，寒暑假的生意较差

D. 游乐型区域以游客为主，生意较不稳定

6. 关于渠道设计所涉及的市场因素，下列哪一项不正确？

A. 组织市场的渠道通常比消费者市场的渠道短

B. 买方的购买量越大，卖方设计的渠道越短

C. 购买者越少，卖方设计的渠道越短

D. 购买者分布越广，卖方设计的渠道越短

7. 零售商圈可分为三类，主要商圈、次要商圈及边缘商圈，下列叙述哪一项不正确？

A. 商圈的分类依据是竞争店家的家数

B. 主要商圈的商店具易接近性的竞争优势

C. 次要商圈位于主要商圈向外延伸的区域

D. 边缘商圈的顾客多因临时起意或高忠诚度而来此消费

8. 下列哪一项不属于批发商？

A. 拥有商品所有权且独立经营的商品批发商

B. 代表买方或卖方促进交易而赚取佣金的代理商

C. 制造商自行设立销售分支机构，处理批发业务

D. 国外厂商在国内设立的销售据点，如卖场或量贩店

9. 物流体系是指规划、执行、控制物料的实体流程，并将最终产品从原始产地运送到使用地点。下列哪一项不是物流的一部分？

A. 运输　　　　　B. 销售　　　　　C. 包装　　　　　D. 订单处理

10. 公司设计物流体系所面临的决策课题包括订单处理、仓储作业、存货控制、运输系统等，下列哪一项最不可能是决策时必须考虑的因素或目标？

A. 尽量压低物流成本，至少比竞争者低

B. 了解顾客的需求

C. 至少需保持与竞争者相同的服务水平

D. 各个环节可通过计算机化管理达到高效率与省劳力的目的

11. 制造商通过中间商将产品配送给消费者，中间商提供最主要的利益为何？

A. 中间商品牌有助于降低消费者的购买风险

B. 减少交易次数，提高物流效率

C. 仓储产品数天

D. 提供降价促销

12. 渠道权力是指某个渠道成员影响或控制其他成员行为的能力，下列哪一项不是渠道权力的类型？

A. 专业的权力　　　B. 认同的权力　　　C. 合法的权力　　　D. 定位的权力

13. 下列哪一项是中间商为完成交易而提供的主要功能？

A. 推广产品　　　　　　　　　　　B. 收集消费者交易信息

C. 货款处理　　　　　　　　　　　D. 以上皆是

14. 下列有关"零级渠道"的叙述，哪一项不正确？

A. 又称为直效营销　　　　　　　　B. 金石堂网络书店属于零级渠道

C. 渠道中没有中间商的存在　　　　D. 有助于扩大市场涵盖范围

15. ＿＿＿＿＿＿＿＿是指在某个销售区域内尽量增加销售渠道，以提高能见度。

A. 密集式分销　　　　B. 独家式分销　　　　C. 选择式分销　　　　D. 以上皆不是

16. 制造商同时采用不同类型渠道以销售产品，其原因最不可能是＿＿＿＿＿＿＿＿。

A. 扩展市场涵盖范围

B. 面对不同市场区隔（细分）采用适当的渠道类型

C. 提升销售量

D. 有助于管理渠道冲突

17. 在决定渠道长度（如零级或一级渠道）时，下列哪一项最不可能是需考虑的因素？

A. 产品是否不易储存或易损坏腐败

B. 销售市场范围大小

C. 产品的体积重量

D. 产品分类属于日常用品、选购品或流行品

18. 下列有关渠道冲突的起因，哪一项不正确？

A. 批发商与零售商容易因为销售地域重叠而产生"超越各自范围"的冲突

B. 零售商在店面销售自有品牌产品而与制造商成为竞争者

C. 中间商不配合制造商的营销战略

D. 渠道成员对于某个现象或事实的看法不一致

19. 下列哪一项不是渠道的整合方式？

A. 水平营销系统　　　　　　　　　　B. 管理式垂直营销系统

C. 多元营销系统　　　　　　　　　　D. 交叉营销系统

20. 制造商希望营销渠道成员可以提供的功能，下列哪一项不正确？

A. 建立渠道品牌　　　　　　　　　　B. 提供库存量与实体运送

C. 提供买方付款方式　　　　　　　　D. 搜集消费者信息

21. 下列哪一项不属于制造商为争取渠道商合作会采用的正面激励方式？

A. 降低销售额的达标率　　　　　　　B. 给予店头展示津贴

C. 提供训练计划　　　　　　　　　　D. 优惠的交易条件

22. 下列哪一种零售商的产品广度最窄，但产品线最长？

A. 便利商店　　　　B. 百货公司　　　　C. 专卖店　　　　D. 超级市场

23. 渠道中的"最后一公里"是指＿＿＿＿＿＿＿＿。

A. 批发商　　　　B. 零售商　　　　C. 顾客　　　　D. 产品

24. 中间商的功能之一是扩大物流广度，下列哪一项与扩大物流广度无关？

A. 仓储　　　　B. 运输　　　　C. 店头展示　　　　D. 订单处理

25. 在其他条件不变的情况下，就同一产品而言，下列哪一种渠道的单位交易成本

最低？

    A. 销售团队   B. 零售店面   C. 间接渠道   D. 购物网站

26. "白天生意通常比晚上好"最适合用来描述_____。

    A. 都会型区域   B. 转运型区域   C. 校园型区域   D. 办公型区域

27. 下列哪一项不属于制造商与零售商之间的渠道冲突？

    A. 因为销售地域重叠而产生"捞过界"的冲突

    B. 零售商销售自有品牌产品而与制造商成为竞争者

    C. 在服务、广告与定价上没有达成共识

    D. 对于消费景气的好转或衰退，持有不同的态度

28. 下列哪一项不是中间商的主要功能？

    A. 中间商品牌有助于降低消费者的购买风险   B. 减少交易次数，提高物流效率

    C. 促成交易的发生   D. 为制造商提供物流服务

29. 下列哪一项不是渠道的整合方式？

    A. 传统营销系统   B. 水平营销系统

    C. 垂直营销系统   D. 网络营销系统

30. 以下有关"零级渠道"的叙述，哪一项正确？

    A. 又称为直效营销   B. 书店属于零级渠道

    C. 零级渠道中只存在零售商   D. 有助于扩大市场涵盖范围

31. 下列哪一项不是中间商为完成交易而提供的主要功能？

    A. 推广产品   B. 收集消费者交易信息

    C. 货款处理   D. 开发新产品

32. 下列哪一项不是中间商为扩大物流广度而必须具备的功能？

    A. 仓储   B. 运输   C. 店头展示   D. 订单处理

33. 下列哪一项属于零级渠道？

    A. 超级市场   B. 便利商店   C. 百货公司   D. 人员直销

34. 下列哪一种情况比较适合长的营销渠道？

    A. B2B 营销   B. 买方购买量很大

    C. 买方人数很少   D. 买方的地理分布很广

35. 下列哪一种零售商的产品线最多元也最长？

    A. 便利商店   B. 百货公司   C. 专卖店   D. 超级市场

36. 便利店通常设立于交通流量大的地方，规模通常比较小。下列相关论述哪一项不正确？

    A. 24 小时营业且全年无休   B. 提供少量多样的商品

C. 适用于选择式分销 D. 顾客较不在意价格

37. 在其他条件不变的情况下，就同一产品而言，下列哪一种渠道的平均单位交易成本最高？

A. 销售团队 B. 零售店面 C. 间接渠道 D. 购物网站

38. 有关独家式分销的论述，下列哪一项正确？

A. 适合日常用品的分销

B. 适合耐用品的分销

C. 市场涵盖范围较广

D. 需要高度的品牌忠诚度或店家忠诚度

39. 便利品（如饮料、日常用品）都是采用下列哪一种分销方式？

A. 密集式分销 B. 独家式分销 C. 选择式分销 D. 直效营销

40. 某些渠道成员靠着名望、地位、人情等因素，使得渠道中的其他厂商愿意与之合作，代表这些渠道成员具有_____。

A. 专业的权力 B. 认同的权力 C. 合法的权力 D. 奖赏的权力

41. 若产品不易储存或易损坏腐败，则在渠道设计战略应符合什么原则？

A. 渠道长度越短越好 B. 渠道商密集度越小越好

C. 仓储地点越多越好 D. 销售市场范围越大越好

42. 渠道已逐渐取代大众媒体广告，成为品牌攻占消费者心房的"最后一公里"，这是说下列哪一项具有越来越高的渠道权力？

A. 批发商 B. 零售商 C. 顾客 D. 制造商

43. 渠道商从事下列哪一种行为，容易造成渠道冲突？

A. 建立渠道品牌 B. 提供库存量与实体运送

C. 提供买方付款方式 D. 搜集消费者信息

44. 制造商同时通过不同类型的零售商销售产品，其原因最可能是_____。

A. 建立高质量的产品形象

B. 面对不同市场区隔（细分）采用适当的渠道类型

C. 建立多样化的品牌定位

D. 有助于降低渠道冲突

45. 制造商想要为产品塑造高质量高价位形象，但与之合作的零售商却想以打折促销来增加产品销售量。这属于下列哪一种渠道问题？

A. 水平渠道冲突 B. 垂直渠道冲突 C. 多重渠道冲突 D. 品牌定位冲突

46. 制造商对于零售商具有"奖赏的权力"，下列哪一项不属于奖赏的来源？

A. 提供人员销售的训练与咨询 B. 给予店头展示津贴

C. 补贴销售员薪资　　　　　　　　D. 给予进货折扣

47. 整合上、中、下游的厂商，以便有效管理渠道成员的行动，避免渠道冲突。这属于下列哪一种渠道整合方式？

A. 水平营销系统　　　　　　　　　B. 垂直营销系统

C. 多元营销系统　　　　　　　　　D. 交叉营销系统

48. 在制定渠道战略时，中间商应该具有三大功能，除了交易功能和物流功能之外，第三种功能为_____。

A. 形式　　　　B. 实质　　　　C. 促成　　　　D. 情境

49. 产品运送的流程，由制造商生产后，通过批发商交给零售商，最后到达消费者手中，此为几级的渠道结构？

A. 零级渠道　　　B. 一级渠道　　　C. 二级渠道　　　D. 三级渠道

50. 为了提升效率，渠道之间可能进行整合，但下列哪一项不属于垂直的渠道整合方式？

A. 管理式垂直营销系统　　　　　　B. 传统营销系统

C. 所有权式垂直营销系统　　　　　D. 契约式垂直营销系统

51. 下列关于渠道的功能，哪一项不正确？

A. 节省运输成本　　B. 信息流通　　C. 方便接近顾客　　D. 抑制需求

52. 现代商业活动范围中，将各项商品、价格与市场的销售数据，搜集评估所形成的系统，称为_____。

A. 物流系统　　　B. 信息系统　　　C. 商品库存系统　　　D. 资金流系统

53. 下列关于渠道的叙述，哪一项不正确？

A. 组织市场的渠道通常比消费者市场中的渠道还短

B. 企业以宅配方式将产品直接运送至消费者，此为零级渠道

C. 渠道冲突危及双方的合作关系，只有负面影响，故应尽全力避免发生

D. 当买方购买量很大时，渠道会比较短

54. 下列有关渠道的叙述，哪一项不正确？

A. 营销渠道越长，代表商品价格越高

B. 零级渠道又称为直效营销

C. 便利品适合采用密集式分销

D. 当买方购买量很大时且要求定制化程度较高时，营销渠道会比较短

55. 下列关于渠道的叙述，哪一项不正确？

A. 渠道阶层是指渠道成员间的关系强度

B. 渠道成员之间可能同时存在合作与冲突关系

C. 市场涵盖密度是指在一个销售区域内，要铺设多少个零售据点

D. 渠道服务质量越高，顾客满意度越高，但厂商的营运成本可能提高

56. 下列关于渠道的叙述，哪一项正确？

A. 营销渠道的长度是指公司直营店的数目

B. 营销渠道的长度是指在一个销售区域内，中间商的数目

C. 营销渠道的广度是指渠道层次的数目

D. 营销渠道的密度是指在一个特定的销售区域内，零售据点的数目与分布情况

57. 下列哪一项叙述是正确的？

A. 在传统营销系统下，渠道成员大多各自为政，缺乏合作协调，因此易发生市场重复性太高、零售店之间恶性竞争的情况

B. 渠道成员之间不会同时存在着合作与冲突的关系

C. 中间商的主要功能包括协助制造商建立品牌定位

D. 分销是指厂商的物流系统

58. 如何解释"渠道权力"？

A. 渠道系统中，影响力最大的成员所拥有的特别待遇

B. 渠道成员面对及处理渠道冲突的能力

C. 渠道系统中无形的规范与应尽的义务

D. 某个渠道成员影响或控制其他成员行为的能力

59. 在下列哪一种连锁加盟组织中，加盟者有较大的自主权，仅一部分接受总公司统一管理？

A. 直营连锁   B. 委托加盟连锁

C. 特许加盟连锁   D. 自愿加盟连锁

60. 关于"渠道扁平化"，下列叙述哪一项不正确？

A. 其目标是企业的利润最大化

B. 应避免零售商使用直接订购

C. 可填补全国零售渠道的空缺，以直接订购方式来拓展渠道

D. 可直接销售给大众更齐全的产品

61. RFM 公式，有助于直效营销的人员找出最愿意购买的顾客，RFM 公式代表的是：最近一次购买时间、购买次数以及_____。

A. 记忆   B. 特性   C. 购买金额   D. 地区

【章节详解】

1. （D）【题解】供应链管理是指从原料供货商到顾客间一连串为顾客提供附加值的产品、服务和信息流程的整合。

2. （B）【题解】独家式分销适合特殊品，消费者愿意花费许多时间与精力购买，并且重视商品与服务的质量。

3. （D）【题解】无店面零售是指消费者无需到店面购买。

4. （D）【题解】便利店多位于住宅区附近，取代宅配到家的便利性。

5. （B）【题解】小区型区域以服务小区居民为主。

6. （D）【题解】卖方设计的渠道越长，市场涵盖范围越广。

7. （A）【题解】零售商圈根据顾客所占比率而分为三类。

8. （D）【题解】（D）是零售商，而非批发商。

9. （B）【题解】销售是产品运送到达店面后才执行的活动。

10. （A）【题解】好的服务意味高的物流成本，各项活动之间具有高度的抵换关系，故物流体系的成本应基于整个系统加以考虑。

11. （B）【题解】中间商的三大功能是交易、促成交易与物流。

12. （D）【题解】渠道权力包括专业、认同、奖赏、惩罚、合法等权力。

13. （D）【题解】中间商的活动包括物流、所有权流程、协商流程、推广流程、信息流程、现金流等。

14. （D）【题解】零级渠道只能接触到特定顾客群；渠道成员越多，市场涵盖范围越大。

15. （A）【题解】密集式分销是指在某个销售区域内尽量增加销售渠道，以提高能见度。

16. （D）【题解】多重渠道的主要缺点是难以控制致使渠道冲突时常发生。

17. （D）【题解】产品分类会影响中间商的个数，如独家分销、选择分销或密集分销，与渠道长度较无关系。

18. （A）【题解】相同层级的渠道成员才容易因为销售地域重叠而产生"捞过界"的冲突。

19. （D）【题解】整合方式包括多元、水平、垂直等营销系统。

20. （A）【题解】当渠道商认为制造商品牌的商品零售价格和利润太高时，会倾向推出自己的渠道品牌，可能与制造商形成竞争敌对关系，这是制造商所不愿看到的。

21. （A）【题解】正面激励的目的是要提高销售量，故降低销售量达标率不属于正面激励。

22. （C）【题解】专卖店专门销售某一种类的产品，故产品线最窄但最长。

23. （B）【题解】渠道中的"最后一公里"是指零售商，是顾客在进行购买决策时，与厂商互动的最后机会。

24.（C）【题解】店头展示是指一种店头促销工具，以摆设在店头的展示物为主。

25.（D）【题解】交易成本由高至低是销售团队>间接渠道>零售店面>购物网站。因为购买网站不需要销售人员及实体店面。

26.（D）【题解】办公型商业区域的零售业以服务区域内的上班人员为主，白天生意较好，下班后人潮散去。

27.（A）【题解】相同层级的渠道成员才容易因为销售地域重叠而产生"捞过界"的冲突，故不属于制造商与零售商之间的渠道冲突。

28.（A）【题解】中间商的三大功能是交易、促成交易与物流。

29.（D）【题解】网络营销系统不是渠道的整合方式之一。

30.（A）【题解】零级渠道是指制造商到顾客之间没有渠道商。由于书店本身是零售商，故不属于零级渠道。渠道成员越多，市场涵盖范围才会越大。

31.（D）【题解】开发新产品是制造商的主要功能。

32.（D）【题解】店头展示是指一种店头促销工具，以摆设在店头的展示物为主，与物流无关。

33.（D）【题解】零级渠道没有中间商存在，制造商将产品直接销售给顾客，又称为直效营销，如人员直销。

34.（D）【题解】营销渠道越长，市场涵盖范围越广。

35.（B）【题解】百货公司的产品线相当多元，且每个产品线的项目相当多，故营业面积比其他选项大许多。

36.（C）【题解】便利商店密度高，适合用于密集式分销。

37.（A）【题解】交易成本由高至低是销售团队>间接渠道>零售店面>购物网站。因为购买网站不需要销售人员及实体店面。

38.（D）【题解】独家式分销适合特殊品，消费者愿意花费许多时间与精力购买，并且重视商品与服务的质量。

39.（A）【题解】密集式分销是指在某个销售区域内尽量增加销售渠道，有利于消费者就近方便购买。

40.（B）【题解】认同权力是指渠道成员靠着名望、地位、人情等因素，使得渠道中的其他厂商愿意与之合作。

41.（A）【题解】易损坏腐败产品需要较直接的销售，即渠道长度越短越好，以免因延迟或重复处理而有风险。

42.（B）【题解】这凸显出零售商的店头营销活动越来越能影响消费者的购买决定，得以在渠道成员之间取得越来越高的专业权力与认同权力。

43.（A）【题解】渠道商推出自己的渠道品牌，会与制造商形成竞争敌对关系，是造成渠道冲突的原因之一。

44.（B）【题解】不同类型的零售商所接触的顾客类型亦不同，代表不同的市场区隔（细分）。

45.（B）【题解】垂直渠道冲突是指在同一渠道体系内，不同层级的渠道成员之间所产生的冲突，如制造商与零售商。

46.（A）【题解】（A）属于专业的权力，不是奖赏的权力。

47.（B）【题解】垂直营销系统是用来整合上、中、下游的厂商，以便有效管理渠道成员的行动，避免渠道冲突。

48.（C）【题解】中间商的三大功能为交易、促成、物流功能。

49.（C）【题解】产品由制造商生产后，通过批发商与零售商两个渠道途径，最后到达消费者手中，故为二级渠道。

50.（B）【题解】整合方式包括传统、水平、垂直（管理式、所有权式、契约式）营销系统。

51.（D）【题解】渠道必须便于接近顾客，了解顾客需求以期刺激消费者购买，而非抑制需求。

52.（B）【题解】信息系统为现代商业活动范围中，将各项商品、价格与市场的销售数据，搜集评估所形成的系统。

53.（C）【题解】对于渠道冲突的影响，不一定全都是负面影响，有些渠道冲突可能是无害的，甚至对于整个渠道系统的运作有正面的刺激作用。

54.（A）【题解】较昂贵的商品一般采用较短的渠道设计。

55.（A）【题解】渠道阶层是指产品要经历数个中间商，才送到最终消费者手上。

56.（D）【题解】营销渠道的长度是指中间商的层级数目。营销渠道的市场涵盖密度是指在一个销售区域内，零售据点的数目与分布情况，亦可说是渠道的广度。

57.（A）【题解】渠道成员之间同时存在着合作关系与冲突。中间商的三大功能为交易、促成、物流功能，不包含品牌定位功能。渠道是指由介于卖方和买方之间，专职产品配送与销售工作的个人与机构所组成的网络体系。

58.（D）【题解】渠道权力是指某个渠道成员影响或控制其他成员行为的能力。

59.（D）【题解】自愿加盟者拥有该分店的经营权及所有权，只部分接受总公司统一管理。

60.（B）【题解】以企业的利润最大化为目标，依据企业自身的条件，利用现代化的管理方法与高科技技术，最大限度地使生产者直接把商品出售（传递）给最终消费者以减少销售层级的分销渠道。

61.（C）【题解】RFM公式指：①最近购买时间（Recency）；②购买次数（Frequency）；③购买金额（Money）。

第八章　销售推广策略

1. 推广战略（Promotional Strategy）的主要功能是＿＿＿＿＿＿＿＿。

A. 找到适当的市场区隔（细分）

B. 说服目标顾客，公司所推出的产品远优于其他竞争者的产品

C. 为公司收集市场相关资讯

D. 推出有创意的广告

2. 下列哪一项不是使用大众沟通后，可能出现的缺点？

A. 当消费者收到信息时，周围可能有其他事物使其分心

B. 可明确锁定沟通对象

C. 无法对消费者的反应做出立即的回应

D. 单位接触成本较低

3. 下列对于推广组合要素的陈述，哪一项正确？

A. 公共关系的信息传递是双向的　　　　B. 广告的信息弹性最大

C. 促销的信息传递是双向的　　　　　　D. 人员销售的回馈速度最快

4. 对于便利品而言，下列哪一种推广组合战略可有效刺激消费者进行例行性的购买？

A. 人员销售与促销　　　　　　　　　　B. 促销与广告

C. 人员销售与广告　　　　　　　　　　D. 广告与公共关系

5. 下列哪一种类型的广告媒体较具有"选择目标市场的能力"？

A. 杂志　　　　　B. 电视　　　　　C. 捷运车厢　　　　　D. 广播

6. 下列哪一种广告模式常被用来刺激新产品的需求，且常使用于产品生命周期的导入阶段？

A. 前导式广告　　　B. 竞争性广告　　　C. 比较式广告　　　D. 机构式广告

7. 下列关于关系销售的陈述，哪一项正确？

A. 较常用于便利品的营销上　　　　　　B. 最大目标是完成销售任务

C. 以吸引新顾客为目标　　　　　　　　D. 强调创造买卖方双赢的局面

8. 下列哪一种营销方式较不适用于开发潜在顾客？

A. 直接通过电话进行销售   B. 再次订购的推荐

C. 未经介绍的拜访   D. 亲友推荐

9. 销售人员可通过观察消费大众的需要、购买力、接受度与可接近度来判定其是否为潜在购买者。此过程称为_____。

A. 试销   B. 筛选潜在购买者

C. 区隔（细分）市场   D. 人脉活动

10. 下列哪一种推广工具，主要用于评估公众态度，找出可引发公众关心的议题，并执行可获取公众了解与接受的计划？

A. 人员销售   B. 广告   C. 促销   D. 公共关系

11. 公共关系部门所负责的功能不包含下列哪一项？

A. 新产品公共报道   B. 建立媒体关系   C. 促销   D. 游说

12. 广告如何影响消费者？

A. 操控社会价值观   B. 改变消费者过往既有的价值观

C. 改变消费大众的文化习惯   D. 改变消费者对产品的评价

13. 一个能吸引消费者的广告需具备哪一种特质？

A. 令人熟悉的   B. 给人正面的印象

C. 难以置信的   D. 与竞争者的广告相似

14. 下列关于传统人员销售与关系销售的差异，哪一项正确？

A. 关系销售着重在经营与顾客的长期关系并提高顾客的利益

B. 传统人员销售着重在长期的销售跟催

C. 传统销售员聚焦在改善消费者的获利

D. 关系销售员聚焦在完成交易

15. 下列有关业务人员的奖励制度哪一项不正确？

A. 底薪可以保障业务人员的收入

B. 福利给付是用来支付业务人员的食宿、出差、应酬等支出

C. 薪水制度容易让业务人员缺乏努力的诱因

D. 奖金主要用来鼓励业务人员的杰出表现

16. 公司必须定期评估业务人员的工作表现。业务人员的评估标准有量化与质化两类。下列哪一项为非量化的评估准则？

A. 顾客满意度   B. 顾客流失率   C. 新客人数   D. 销售额

17. 下列哪一项最适合用来描述促销？

A. 企图改变消费者的购买行为   B. 长期的、持续的活动

C. 以提升品牌忠诚度为目的   D. 通过平面媒体进行促销活动

18. 下列哪一种促销活动对消费者较不具有立即刺激消费的效果？

A. 赠品　　　　　　B. 中间商促销　　　　　C. 价格折扣　　　　　D. 店头展示

19. 下列哪一项不是促销的对象？

A. 消费者　　　　　　B. 渠道商　　　　　C. 销售团队的人员　　　　D. 投资者

20. 下列哪一种促销工具最有效也最常用于推广全新上市或新改良的产品？

A. 赠品　　　　　　B. 抽奖　　　　　C. 折价券　　　　　D. 免费样品

21. 促销与广告的战略目的与执行方式皆有不同，下列论述哪一项不正确？

A. 促销以实质的经济利益刺激消费

B. 广告不易锁定目标顾客群进行有效的沟通

C. 促销不易用以建立品牌的差异化定位

D. 广告效果需要较长时间的沟通方能生效

22. 下列评估促销效果的方法，哪一项不属于量化方法？

A. 观察法：到店面观察促销商品的货架位置是否适当

B. 调查法：以问卷调查消费者的看法

C. 资料分析法：分析促销前后销售量的差异

D. 实验法：在不同店面同时执行两种促销活动，再衡量销售量的差异

23. 消费者先寄回购买证明给制造商，制造商再将部分货款邮寄退回给顾客。此种促销活动称为_____。

A. 赠品　　　　　　B. 折价券　　　　　C. 现金退回　　　　　D. 抽奖

24. 下列哪一项不是营销人员在规划促销活动时必须考虑的项目？

A. 促销诱因的大小　　　　　　　　　B. 促销时间的长短

C. 目标客户群的人口统计特性　　　　　D. 消费者可以参与促销活动的条件

25. 赠品点券是指消费者在消费一定金额后取得点数，必须累积一定的点数才能换得赠品或折价。下列哪一项不是此种促销活动的目的？

A. 增加单次购买金额　　　　　　　　B. 增加购买次数

C. 维持品牌或店面忠诚度　　　　　　D. 改善品牌形象

26. 对于那些对广告及人员销售有防备心的消费者来说，下列哪一种推广战略较能说服消费者提高对产品的知觉质量或正面形象？

A. 买二送一　　　　B. 降价促销　　　　C. 交叉销售　　　　D. 公共关系

27. 许多公司设定下列哪一个部门来监视大众的态度、传送信息与沟通，以建立公司的商誉与形象？

A. 公共关系部门　　　B. 广告部门　　　　C. 销售部门　　　　D. 企划部门

28. 广告包含许多传播媒介的形式，下列哪一项不正确？

A. 广播　　　　　B. 印刷品　　　　　C. 网络　　　　　D. 特制化广告

29. 促销活动有许多方式，下列哪一项不正确？

A. 新闻稿　　　　　B. 赠品　　　　　C. 购买点展示　　　　　D. 折价券

30. 下列哪一项不属于直销渠道？

A. 电话　　　　　B. 网站　　　　　C. 目录册　　　　　D. 便利商店

31. 企业按照销售额（销售实绩或预计销售额）或单位产品售价的某个百分比计算出广告支出水平指的是下列哪一种广告预算编列方式？

A. 目标任务法　　　　B. 量入为出法　　　　C. 销售百分比法　　　　D. 竞争对比法

32. 广告预算若以前期盈余来提拨一定百分比为下列哪一项方法？

A. 目标任务法　　　　B. 量入为出法　　　　C. 销售百分比法　　　　D. 竞争对比法

33. 下列哪一项广告方式对"成熟产品"极为重要，可以使消费者持续思考产品？

A. 比较式广告　　　　B. 提醒式广告　　　　C. 说服式广告　　　　D. 告知式广告

34. 广告目标应随着产品生命周期的不同而有所不同，例如，"一样是休旅车，为什么他牌一台高出 20 万元，请选择真正物超所值的 × 品牌……"的诉求，这是属于下列哪一种形式的广告？

A. 悬疑前导广告　　　　B. 提醒式广告　　　　C. 说服式广告　　　　D. 告知式广告

35. 下列关于广告诉求应具有的特色，哪一项正确？

A. 广告诉求必须要有意义　　　　　　　B. 广告诉求必须要有可信度

C. 广告诉求应该具有特殊性　　　　　　D. 以上皆是

36. 零售商形态中，下列哪一种属于加盟者支付加盟金及保证金，与授权者签订合作契约，全盘接收经营，并按年缴纳权利金？

A. 独立零售商　　　　B. 加盟店　　　　C. 连锁店　　　　D. 合作社

37. 营销传播的最终目的在于能够接触到某些视听众，并影响其行为。其各阶段的传播目标分别为_____。

A. 拉拢、推广及知晓　　　　　　　　　B. 知晓、拉拢及说服

C. 知晓、说服与行动　　　　　　　　　D. 提醒、知晓及推广

38. 下列哪一种营销传播工具在购买过程中，能将信息快速调整以符合消费者的个别需要，立即得到响应及行动？

A. 广告　　　　　B. 促销　　　　　C. 人员销售　　　　　D. 公共关系

39. 下列哪一项叙述不可能是导致厂商运用更多促销手段的原因？

A. 促销被视为一种短期的销售工具

B. 促销可用在公司面对高度竞争以及竞争品牌缺乏差异化

C. 生产者不清楚谁需要什么商品，何地需要，何时需要，何价格消费者愿意并能够接受

D. 现今消费者越来越偏向交易导向

40. 广告、促销、公共关系、人员销售、直效营销传播，以上属于推广战略常见方式的共有几项？

A. 2　　　　　　　　B. 3　　　　　　　　C. 4　　　　　　　　D. 5

41. 主要的销售管理活动为：①配置销售人员；②指导销售人员；③评估销售人员；④设计销售组织；⑤拟定销售战略。其中步骤依序为_____。

A. ①→②→③→④→⑤　　　　　　　　B. ④→⑤→①→②→③

C. ⑤→④→①→②→③　　　　　　　　D. ①→②→③→⑤→④

42. 营销传播的过程为：①来源；②编码；③信息；④渠道；⑤译码；⑥接受者；⑦回馈。传播的依序为_____。

A. ①→②→③→④→⑤→⑥→⑦　　　　　　　　B. ①→③→②→⑤→④→⑥→⑦

C. ①→②→⑤→③→④→⑥→⑦　　　　　　　　D. ①→②→③→⑤→④→⑥→⑦

43. 下列哪一项不包含在广告运作的基本概念里？

A. 战略　　　　　　　B. 创意点子　　　　　　　C. 媒体　　　　　　　D. 定价

44. 下列哪一项是广告作为营销沟通工具的优势？

A. 能直接促进销售　　　　　　　　B. 最能说服消费者的沟通工具

C. 花费并不高　　　　　　　　D. 能够快速接触最多的阅听众（受众）

45. 下列哪一项广告形式能运用任一媒体直接达到刺激销售的目的？

A. 品牌广告　　　　　　　B. 地区广告　　　　　　　C. 直覆式广告　　　　　　　D. 机构广告

46. 下列哪一项是直效营销最关注的焦点？

A. 增加知名度　　　　　　　B. 增强态度　　　　　　　C. 产生销售　　　　　　　D. 鼓励品牌转移

【章节详解】

1.（B）【题解】推广战略的主要功能在于说服目标消费者，营销人员所提供的产品或服务，比竞争者多了差异化的优势。

2.（D）【题解】大众媒体是直接与广大的消费者进行沟通，虽然所需投入的成本很高，但单位接触成本却很低。

3.（D）【题解】促销与广告的回馈速度最慢，人员销售的信息弹性最大，公共关系与促销的信息传递是单向的。

4.（B）【题解】对于例行性的购买决策来说，最有效的推广工具就是广告与促销。

5.（A）【题解】杂志广告的主要优势之一是目标市场的选择能力。几乎每一个市场区隔（细分），都由不同的杂志来涵盖。

6. （A）【题解】前导式广告是针对新产品或产品类别，希望能够刺激消费者初次需求的广告，这类广告常密集使用于产品生命周期的导入期。

7. （D）【题解】亦称为顾问式销售，其专注于发展销售人员与购买者间的关系。另外，关系营销在工业产品、服务业与保险业的销售情境中较为常见，消费者产品就比较少见。

8. （B）【题解】潜在顾客指未曾购买过公司产品者，而非再次购买者。

9. （B）【题解】筛选潜在购买者主要由三个方向来判定，包含察觉需要、购买力以及接受度和可接近度。

10. （D）【题解】公共关系是推广组合的要素之一，用以评估公众态度，找出可引发公众关心的议题，并执行可获取公众了解与接受的计划。

11. （C）【题解】公共关系部门主要负责执行以下功能：媒体关系、产品公共报道、企业沟通、公共事务、游说、员工及投资者关系以及危机处理。

12. （D）【题解】广告可以改变消费者的态度与信念，但却无法改变价值观或强制消费者去做他们不想做的事情。

13. （B）【题解】一则吸引人的有效广告必须要可信、独特且不同于竞争者。

14. （A）【题解】关系销售常以团队方式来接触顾客，着重在培养长期的顾客关系，并提高顾客的利益，且规划全方位的顾客计划。

15. （B）【题解】津贴是用来支付业务人员的食宿、出差、应酬等支出。

16. （A）【题解】顾客满意度属于质化的评估标准。

17. （A）【题解】促销是指在一定期间内针对消费者或中间商，希望刺激销售（或购买行为）的一种推广工具。

18. （B）【题解】中间商促销是制造商为了促使中间商密切合作而推出的奖励活动，对于消费者购买无立即影响。

19. （D）【题解】促销是指在一定期间内针对消费者或中间商，希望刺激销售（或购买行为）的一种推广工具。

20. （D）【题解】免费样品是指免费提供试用品给消费者，尤其在新产品上市后，并要推荐给消费者时，赠送免费样品是最有效的方式。

21. （C）【题解】比竞争者有利的促销活动有助于品牌在短期内建立差异化的定位。

22. （A）【题解】选项（A）观察法搜集而得的数据属于文字数据，不是数值，故不属于量化方法。

23. （C）【题解】现金退回是指消费者先寄回购买证明给制造商，制造商再将部分货款邮退回给顾客。

24. （C）【题解】促销活动的目的是改变消费者的购买行为，但人口统计特性与购买行为并无必然的关系。

25.（D）【题解】改善品牌形象需要长期沟通，多以广告为手段，而非促销活动。

26.（D）【题解】公共关系的主要目的是建立组织的良好形象，采用的方式包括赞助小区活动、开放工厂供民众参观、支持公益活动及争取新闻报道等，消费者比较相信此种信息。

27.（A）【题解】公共关系是设计各种方案来促进或保护公司形象或个别商品。

28.（D）【题解】传播媒介包括语言、文字、印刷、电报、电话、广播、电影、电视以及影像、网络、数字化的信息等。

29.（A）【题解】新闻稿是企业或机构发布信息之前，首先寄给记者或新闻部门，以避免记者或编辑听错，并非一种促销方式。

30.（D）【题解】直销渠道是指产品由生产者移至使用者手中，不经过中间商。销售渠道包括电话、网络、手册、人员销售等。

31.（C）【题解】销售百分比法即企业按照销售额（销售实绩或预计销售额）或单位产品售价的一定百分比来计算和决定广告开支。

32.（B）【题解】量入为出法为一种依其能力或扣除成本后的余额来作预算设定的预算拟定方法。

33.（B）【题解】当产品到了成熟期时，需要提醒消费者，不让消费者对其品牌印象模糊或淡忘。

34.（C）【题解】说服式广告为加强品牌偏好，劝说品牌转换，常会以比较的方式强调品牌优点。

35.（D）【题解】广告诉求大致上可以分成理性、情感和道德诉求，但仍需具有意义，要有可信度和具有特殊性才是最好的广告诉求。

36.（B）【题解】加盟店是一种所有权连锁的形式，由加盟者支付权利金给加盟业主以获得使用其名称的权利，并依据加盟规范来经营。

37.（C）【题解】营销传播最主要的三个目标为告知、劝说以及提醒顾客去行动。

38.（C）【题解】人员销售是一种以个人特质为主的营销传播方式，并且能将信息调整以符合消费者的个别需要，立即得到响应，可以加强消费者的偏好、信念及行动。

39.（D）【题解】越来越以顾客为导向，强调顾客关系、顾客至上。

40.（D）【题解】广告、公共关系、促销、人员销售以及直效营销，皆为常见的推广工具。

41.（C）【题解】销售管理的开始是拟定销售战略，以便执行厂商的营销战略，针对市场目标设计一连串的营销组合、设计销售组织、人员销售的配置、训练、评估等。

42.（A）【题解】营销传播过程依序为：获得来源→将要传递的信息进行编码→变成营销信息→通过媒体等渠道传递→将传递的信息解读→接受者（消费者）→意见或行为

回馈。

43.（D）【题解】广告运作的三大基本要素为战略、创意与媒体。

44.（D）【题解】相较于其他营销传播工具，能够快速接触最多的阅听众是广告的主要优势之一。

45.（C）【题解】直覆式广告的形式，能运用任一媒体，直接达到刺激销售的目的。

46.（C）【题解】能否产生立即的销售效果，为直效营销最关注的焦点。

第九章　其他议题

1. 服务的不可储存性是指服务无法储存，故厂商无法以存货应付过多的需求。下列哪一项是可能的解决方法？

A. 差别取价
B. 加强人员训练
C. 服务流程标准化
D. 选个显示服务快速的名字或商标

2. 服务产业随处可见，包含政府部门、私人非营利部门、企业部门、制造业部门等。下列哪一项属于服务业的范畴？

A. 保险公司　　　B. 电影院　　　C. 捷运公司　　　D. 以上皆是

3. 下列哪一种情况可以避免顾客转向其他竞争公司？

A. 积极解决顾客的问题
B. 发生服务疏失
C. 引发道德争议
D. 不方便

4. 服务品质不包含下列哪一项因素？

A. 移情性
B. 热心
C. 可靠性
D. 回应能力（响应性）

5. 下列哪一种员工态度最有助于增加顾客的忠诚度？

A. 正面且积极的　　B. 不具威胁性的　　C. 随和的　　D. 消极的

6. 服务易逝性的意思为＿＿＿＿＿＿＿。

A. 服务在本质上并非一个具体、固定的形体　B. 服务在消费之后很难评估其结果
C. 服务无法和实体商品一样被储存　　D. 服务的生产与消费过程是无法分割的

7. 下列哪一种商品的搜寻属性最高？

A. 餐饮产品　　　B. 美容产品　　　C. 旅游产品　　　D. 家电产品

8. PZB 服务品质维度不包含下列哪一项因素？

A. 有形性
B. 回应性（响应性）
C. 同理心（移情性）
D. 可靠性

9. 一项产品的功能与使用结果是否容易被评估与三种产品的评估属性有关，在这三种属性中哪一项最容易在购买前被评估？

A. 信用属性　　　　　B. 经验属性　　　　　C. 应用属性　　　　　D. 搜寻属性

10. 假设某 MP3 制造商欲针对老年人群推出一款功能齐全的机型，但对老年人群的需求完全不了解，应进行下列哪一种研究？

A. 因果性研究　　　　B. 叙述性研究　　　　C. 探索性研究　　　　D. 量化研究

11. 下列哪一项不是营销研究的步骤？

A. 设定营销情境　　　　　　　　　　　B. 设计研究方法

C. 搜集整理分析资料　　　　　　　　　D. 根据研究结果，执行被支持的方案

12. 下列哪一项属于网络书店的初级数据（原始数据、一手数据）？

A. 订单　　　　　　　B. 销售记录　　　　　C. 会员资料　　　　　D. 问卷调查数据

13. 下列有关叙述性研究的论述，哪一项不正确？

A. 搜集资料方法以面对面深入访谈为主

B. 样本数须够大

C. 用来了解某个群体的看法与态度

D. 调查所使用的题目及可能答案都较为明确

14. 下列哪一项不是网络问卷调查的特色？

A. 可利用电子邮件地址筛选受访者

B. 免去邮寄的邮费及印制成本

C. 可与受访者实时互动，确认答案的真实性

D. 可显示产品影像或结构，使问卷题目更贴近现实

15. 竞争者可通过_____推测厂商的动向或相关信息。

A. 官方网站　　　　　B. 公开说明书　　　　C. 商展　　　　　　　D. 以上皆可

16. _____的搜集成本最低。

A. 普查　　　　　　　　　　　　　　　B. 初级资料（一手资料）

C. 次级资料（二手资料）　　　　　　　D. 问卷调查

17. 实验法最适合下列哪一种研究的资料搜集？

A. 互动性研究　　　　B. 因果性研究　　　　C. 叙述性研究　　　　D. 复杂性研究

18. 厂商、广告商或媒体为了了解消费者长期的消费行为，特地招募一定数目的个人或家庭，要求其记录相关行为。此种资料搜集方法称为_____。

A. 问卷调查法　　　　　　　　　　　　B. 固定样本追踪调查

C. 实验法　　　　　　　　　　　　　　D. 电话访问

19. 以下关于问卷设计的论述，哪一项不正确？

A. 根据研究目标列举相关问题　　　　　B. 遣词造句应该简单明了

C. 问题格式分为封闭式及开放式　　　　D. 问卷设计完后即可进行正式访谈

20. 营销研究的目的是针对特定群体或事物，探讨某些现象，而这个特定群体或事物称为_____。

A. 消费者　　　　　B. 竞争者　　　　　C. 母本　　　　　D. 样本

21. 当以某工具衡量一事物，得到非常相似及一致的结果，则称此工具有_____。

A. 效度　　　　　B. 信度　　　　　C. 一般性　　　　　D. 以上皆非

22. 大部分的问卷调查最常使用_____方法决定谁是受访者。

A. 概率抽样　　　　　B. 随机抽样　　　　　C. 非概率抽样　　　　　D. 分层抽样

23. 相对于传统问卷调查，下列哪一项最不可能是网络问卷调查的优点？

A. 可以快速产生分析报告　　　　　B. 受访者比较诚实回答

C. 受访者无法匿名　　　　　D. 调查者与受访者间有较多的互动

24. 当营销研究人员对于研究问题的背景所知甚少时，通常会先做_____研究，再执行_____研究。

A. 探索性；叙述性　　B. 探索性；因果性　　C. 叙述性；因果性　　D. 以上皆是

25. 下列说明信度与效度关系的论述，哪一项不正确？

A. 若衡量工具有效度，则必定有信度　　　　　B. 无信度代表无效度

C. 信度是效度的必要条件，而非充分条件　　　　　D. 若衡量工具有信度，则必定有效度

26. 在问卷设计中，下列哪一项不是封闭式问题的类型？

A. 单选题　　　　　B. 李克特量表　　　　　C. 语意差异法　　　　　D. 字汇联想法

27. 为了确保问卷质量，首先，_____以发掘错别字、语意模糊、选项不全等潜在问题。

A. 美工排版　　　　　B. 有适当的问题顺序

C. 设定问题格式　　　　　D. 预先测试

28. 下列哪一种研究较适合采用焦点团体访谈法？

A. 初步探讨购买动机　　　　　B. 大规模市场调查

C. 测试广告效果　　　　　D. 分析实际购买行为

29. 下列哪一项不属于封闭式问题？

A. 二分题　　　　　B. 填空题　　　　　C. 李克特量表　　　　　D. 选择题

30. 下列哪一种数据搜集方法，无法取得初级资料（一手资料）？

A. 观察法　　　　　B. 访谈法　　　　　C. 实验法　　　　　D. 文献回顾法

31. 市场调查最常使用下列哪一种抽样方法？

A. 简单随机抽样　　B. 便利抽样　　　　　C. 分层抽样　　　　　D. 群集抽样

32. _____方法，将几位受访者集合起来和一个主持人讨论。主持人需客观，具有与问题有关、团体动力学与消费者行为的知识。

A. 调查法　　　　　B. 焦点访谈　　　　　C. 观察法　　　　　D. 深入访谈

33. _____方法，最适合用于叙述性研究，因为公司可以用来得知消费者的知识、信念、偏好、满意度等信息，并且测量其程度。

A. 实验设计　　　　　　　　　　B. 深度访谈与观察法

C. 焦点访谈　　　　　　　　　　D. 调查法

34. 下列哪一种方法不是通过消费者的行为或意见来了解消费者的偏好？

A. 德尔菲法　　　　　　　　　　B. 联合分析法

C. 购买行为数据　　　　　　　　D. 焦点团体访谈法

35. _____可用来分析过去的销售数据以及进行市场预测。

A. 因素分析　　　　　　　　　　B. 集群分析

C. 联合分析法　　　　　　　　　D. 时间序列分析

36. 问卷调查请受访者从非常不同意到非常同意之间的 5 个或 7 个选项中选取一个答案是属于_____。

A. 李克特量表　　　B. 语意尺度　　　C. 尺度量表　　　D. 同意量表

37. 市场总需求并非是一固定的数字而是各种情境的函数，可称为_____。

A. 价格敏感度函数　　　　　　　B. 价格弹性函数

C. 市场需求函数　　　　　　　　D. 广告弹性函数

38. _____是指对某一特定产品具有相当兴趣、收入足以负担，并可接近该产品的消费者集合。

A. 潜在市场　　　B. 目标市场　　　C. 最大市场　　　D. 有效市场

39. _____是指母体的数量已知，且每一个母体被抽中的概率相等。

A. 便利样本　　　B. 分层随机样本　　　C. 简单随机样本　　　D. 判断样本

40. 在非概率抽样中，研究人员在不同的群类中，调查特定数量的人，这称为_____。

A. 判断抽样　　　　　　　　　　B. 集群抽样

C. 配额抽样　　　　　　　　　　D. 便利抽样（又称偶遇抽样）

41. "请问您选择购买房屋时最重要的考虑因素是？"这是哪一种类型的问题？

A. 封闭式问题　　　B. 开放式问题　　　C. 主题统觉测试　　　D. 字词联想法

42. 下列哪一项不是属于定性（质性）的衡量方法？

A. 说故事法　　　B. 问卷调查　　　C. 顾客历程　　　D. 使用者访谈

43. 最合乎研究内部效度的研究是_____。

A. 实验法　　　B. 数据库分析　　　C. 观察法　　　D. 问卷调查

44. _____为特定的目的所搜集的原始资料。

A. 次级资料（二手资料）   B. 顾客事务数据库

C. 初级资料（一手资料）   D. 因果资料

45. 当研究者对研究计划的目标与问题尚未有明确的定义时，可以使用＿＿＿＿＿＿。

A. 因果性研究   B. 探索性研究

C. 封闭式问卷   D. 结构性研究

46. 将 5~10 人聚集起来，花一段时间与一个专业的主持人谈论一个产品、服务、组织或其他的营销单位的研究法是＿＿＿＿＿＿。

A. 观察法   B. 焦点访谈法   C. 行为数据   D. 实验法

47. ＿＿＿＿＿＿可定义为有系统的设计、搜集、分析及报告公司所面临的特定营销状况的资料与发现。

A. 市场区隔（细分）   B. 广告研究   C. 目标市场选择   D. 营销研究

48. 营销研究公司采用"由研究人员拿摄影机进入消费者家中搜集冰箱中的东西"，再让研究团队根据影片来分析消费者行为，此为＿＿＿＿＿＿。

A. 调查法   B. 观察法   C. 焦点访谈法   D. 德尔菲法

49. ＿＿＿＿＿＿包括为其他目的而曾经搜集的已存在某处的信息。

A. 次级资料（二手资料）   B. 实际数据

C. 潜在资料   D. 初级资料（一手资料）

50. 下列哪一个方法不属于初级资料（一手资料）的搜集方法？

A. 焦点团体法   B. 实验法   C. 观察法   D. 事务数据分析

51. 下列哪一项属于定性（质性）的衡量方法？

A. 问卷调查   B. 顾客历程   C. 数据库分析   D. 实验设计

52. 下列哪一项为营销研究的方法？

A. 探索性研究   B. 因果关系研究   C. 预测性研究   D. 以上皆是

53. 实验设计是下列哪一种营销研究的重要工具？

A. 描述性研究   B. 因果关系研究   C. 预测性研究   D. 相关性研究

54. 下列哪一项不是营销研究的主要步骤？

A. 拟定问题与假设   B. 决定搜集数据的方式

C. 采用何种抽样法   D. 分析资料

55. 下列哪一项经常是焦点团体访谈的要素？

A. 邀集 6~10 人   B. 采用主持人

C. 出席者会获得报酬   D. 以上皆是

56. ＿＿＿＿＿＿的主要目的是通过分析消费者的个人特性、态度、兴趣和动机，来找出其可能的消费者。

A. 广告研究   B. 市场研究   C. 消费者研究   D. 战略研究

57. 顾客关系管理的目的在于产生更高的顾客权益，不包括下列哪一种做法？

A. 根据顾客对公司的贡献价值，区分为不同顾客群

B. 通过交叉销售来强化顾客的成长潜力

C. 提供给每位顾客定制化的服务与信息

D. 追求规模经济以降低单位生产成本

58. 下列哪一项不是顾客关系管理的信息科技工具？

A. POS   B. SCM   C. Call Center   D. ERP

59. 下列哪一项不是顾客关系管理主要的含义？

A. 提升市场占有率   B. 提供优异的顾客价值与满意度

C. 建立长期顾客关系   D. 强化有利可图的顾客关系

60. 现今的企业面对营销这类课题皆着眼于改善两类事务：第一是企业了解顾客的认知；第二是_____。

A. 顾客评价   B. 顾客认知   C. 顾客关系   D. 顾客忠诚

61. 顾客满意取决于产品所认知的价值，是相对于下列购买者的哪一种认知？

A. 取得产品的成本   B. 所预期的期望价值

C. 竞争者产品的成本   D. 失去使用其他产品的成本

62. 黄先生是超级市场的一位经理，当他每次看见一位生气的客人，就让他感觉失去一位在未来永远不会再次光顾的顾客，以上论述符合下列哪一理论？

A. 顾客占有率   B. 市场占有率   C. 获利能力   D. 顾客终生价值

63. 下列哪一项不是市场营销者增加顾客占有率的可行之道？

A. 提供顾客多样性的产品   B. 训练员工进行交叉销售

C. 销售人员不断游说客人购买商品   D. 独特且一致性的销售手法

64. 营销人员为了创造更多的顾客价值以及建立稳固的顾客关系，他们必须执行下列哪一项方案？

A. 与公司内部其他业务部门或是公司外部伙伴紧密合作的伙伴关系营销

B. 数据库营销

C. 自行设计有吸引力的网站

D. 以上皆是

65. 下列哪一项是发展与建立顾客关系的关键？

A. 顾客期望及顾客满意   B. 顾客选择及产品的提供

C. 产品性能及顾客价值   D. 顾客价值及顾客满意度

66. 下列哪一项是发展和管理顾客关系的重要基石？

A. 顾客期望和顾客满意　　　　　　　　B. 顾客拥有的选择和产品提供物

C. 产品效能和顾客价值　　　　　　　　D. 顾客价值和顾客满意

67. _____的意义是建立、维持和强化与公司所有关系人之间都能共享获利价值的关系。

A. 顾客终生价值　　　　　　　　　　　B. 顾客认知价值

C. 顾客关系营销　　　　　　　　　　　D. 数据库营销

68. 下列哪一项是所有营销定义里最核心的意义?

A. 需求管理　　　　　B. 交易　　　　　C. 顾客关系　　　　　D. 销售

69. 目前的销售成绩和市场占有率反映的是过去的绩效,而下列哪一项能反映未来的绩效?

A. 顾客终生价值　　　B. 顾客占有率　　　C. 获利性　　　　　D. 顾客权益

70. 顾客关系管理的终极目标是_____。

A. 顾客权益　　　　　　　　　　　　　B. 市场占有率

C. 销售量　　　　　　　　　　　　　　D. 建立可信赖的数据库

【章节详解】

1.（A）【题解】令价格随离峰与尖峰需求而异,是一种差别取价法。

2.（D）【题解】服务产业随处可见,包含政府、私人非营利部门、企业部门、制造业部门以及分销商与零售商等,都可通过服务来加值,以与其他竞争者有所区别。

3.（A）【题解】引发顾客转换行为的因素包含价格、不方便、核心服务失败、当场服务不当、对服务失败的回应、竞争、伦理问题以及非自愿转换。

4.（B）【题解】服务品质有五项决定因素（又称 Servqual 属性）:可信度、回应能力（响应性）、保证、同理心（移情性）以及有形物。

5.（A）【题解】服务卓越的公司知道满足员工即能满足顾客。因此,拥有正面的员工态度有助于增加顾客忠诚度。

6.（C）【题解】服务易逝性是指服务无法和实体商品一样具有被储存的特性。

7.（D）【题解】餐饮、美容以及旅游产品都属于高经验属性产品。

8.（A）【题解】PZB 服务品质维度包含:无形性、回应性、同理心、可靠性、信任感。

9.（D）【题解】一项产品的功能与使用结果是否容易被评估与三种产品的评估属性有关:搜寻属性、经验属性与信任属性。其中,搜寻属性最容易在消费前被评估。

10.（C）【题解】探索性研究主要用于了解一个全新的、陌生的营销情况。

11.（D）【题解】营销研究的最后步骤是报告研究结论。

12.（D）【题解】初级资料（一手资料）是为了特定研究目的，通过调查、实验、观察等方法搜集而来的资料。

13.（A）【题解】叙述性研究以问卷调查法为主。

14.（C）【题解】（C）是人员访问或电话访问的特色。

15.（D）【题解】竞争者可通过公开的次级数据推测厂商的未来动态。

16.（C）【题解】次级资料（二手资料）是现成的，可节省研究时间与成本。

17.（B）【题解】因果性研究欲找出某因素的变化对另一因素的变量所造成的影响，实验法是因果性研究中主要的资料搜集方法。

18.（B）【题解】固定样本追踪调查征募一定数目的个人或家庭，以长期观察个人消费行为的变化。

19.（D）【题解】在正式访谈前应先做预先测试，以检查问卷是否有误。

20.（C）【题解】营销研究用以探讨的特定群体或事物的某些现象，而这个特定群体或事物被称为母本。

21.（B）【题解】信度是指研究结果的一致性或稳定性。

22.（C）【题解】大部分的问卷调查使用立意抽样，亦即由研究者自行决定抽样对象，属于非概率抽样。

23.（D）【题解】网络问卷调查无法做到与受访者互动，故较难反复确认答案的有效性。

24.（A）【题解】探索性研究主要用于了解一个全新的、陌生的营销情况，然后再以叙述性研究更全面、具体地描述该情况。

25.（D）【题解】信度是效度的必要条件，而非充分条件。

26.（D）【题解】字汇联想法属于开放式问题。

27.（D）【题解】预先测试是由少数几位受访者填答问卷，并了解他们在填答过程中的任何疑问或请相关领域的专家学者予以指正。

28.（A）【题解】焦点团体访谈属于初步的探索性研究。

29.（B）【题解】填空题是开放式问题。

30.（D）【题解】文献回顾属于次级资料（二手资料）。

31.（B）【题解】只有便利抽样属于非概率抽样，其抽样成本远低于其他三种。

32.（B）【题解】焦点访谈是将 6~10 人邀集起来，花数小时和一个熟练的主持人谈论一个产品、服务、组织或其他的营销单位。主持人需客观，具有与问题有关、团体动力学与消费者行为的知识。

33.（D）【题解】调查法最适用于叙述性研究，公司可以得知人们的知识、信念、偏好、满意度等信息，并且测量其程度。

34.（A）【题解】德尔菲法是邀集一群专家进行预测，这些专家彼此交换意见，最后做出团体预测或由分析师汇整成单一的预测，公司先浏览各专家的初步预测，再经过多次修正、调整与预测。

35.（D）【题解】时间序列分析、指数平滑法、统计需求分析、经济计量分析等方法皆可。

36.（A）【题解】问卷调查请受访者从非常不同意到非常同意之间选取一个答案属于李克特量表。

37.（C）【题解】市场总需求并非是一个固定的数字，而是各种情境的函数。因此，称为市场需求函数。

38.（D）【题解】有效市场是指对某一特定产品具有相当兴趣、收入足以负担，并可接近该产品的消费者集合。

39.（C）【题解】简单随机样本：母体的数量已知，且每一个母体被抽中的概率相等。分层随机样本：将母体分成互斥的群体，然后再从每个分群中随机抽出样本来进行调查。便利样本：研究人员选择以最容易接近母体的方式来获取信息。判断样本：研究人员在不同的群类中，调查特定数量的人。

40.（C）【题解】在非概率抽样中，研究人员在不同的群类中，调查特定数量的人，叫作配额抽样。

41.（B）【题解】上述题目是开放式问题。

42.（B）【题解】问卷调查是属于定量（量化）的衡量方法。

43.（A）【题解】实验研究是最合乎科学效度的研究，通过消除影响所观察的因素，以找出变量之间的因果关系，为实验法的主要目的。

44.（C）【题解】初级资料（一手资料）为特定的目的所搜集的原始资料。

45.（B）【题解】当研究者对研究计划的目标与问题尚未有明确的定义时，可以使用探索性研究。因果性研究，目的在于测试原因与结果间的关系，需要在研究问题明确之后。封闭式问卷亦需要在研究问题明确之后。

46.（B）【题解】将5~10人聚集起来，花一段时间和一个专业的主持人谈论一个产品、服务、组织或其他的营销单位的研究法是焦点访谈，又称焦点团体。

47.（D）【题解】营销研究可定义为有系统的设计、搜集、分析及报告公司所面临的特定营销状况的资料与发现。

48.（B）【题解】营销研究公司采用由研究人员拿摄影机进入消费者家中搜集饮食习惯的方式属于观察法，让研究团队根据影片来分析消费者行为。

49.（A）【题解】次级数据包括为其他目的而曾经搜集的已存在某处的信息；初级资料（一手资料）为特定的目的所搜集的原始资料。

50.（D）【题解】初级资料（一手资料）可通过五种途径来搜集：观察法、集体访谈研究、调查法、行为资料及实验法。出版文献属于次级资料（二手资料）。

51. （B）【题解】说故事法、顾客历程、使用者访谈都属于定性（质化）的衡量方法。

52. （D）【题解】营销研究可分为探测性研究、描述性研究、因果关系研究、预测性研究。

53. （B）【题解】因果关系研究的主要目的在于了解某些变量对某一因变量的关系，因此实验法为因果关系研究的重要工具。

54. （C）【题解】抽样方法属于抽样设计里的内容，并不是主要步骤。

55. （D）【题解】焦点团体访谈法是邀集 6~10 人，聚集数个小时一起与受过训练的主持人讨论有关产品、服务或公司，参与者通常可以获得一些出席的报酬。

56. （C）【题解】消费者研究的主要目的是通过分析消费者的个人特性、态度、兴趣和动机，来找出其可能的消费者是谁。

57. （D）【题解】追求规模经济意味着量产标准化的产品，有违为每位顾客个别设计产品、服务的顾客关系管理思维。

58. （B）【题解】SCM（Supply Chain Management）：供应链管理的内涵在于整合制造商、批发商、零售商与消费者之间的商流、物流，信息商、零售商与消费者之间的商流、物流、信息流、现金流系统的运作。

59. （A）【题解】CRM 的广泛定义为通过提供优异的顾客价值与满意度，来建立、维持以及强化有利可图的长期顾客关系的整个过程。

60. （C）【题解】顾客关系管理是现代营销理论最重要的一种观念。

61. （B）【题解】顾客满意取决于产品的认知表现，相对于购买者的期望。

62. （D）【题解】顾客终生价值是指顾客在其一生中光顾消费的整个购买历程价值。

63. （C）【题解】企业可通过提供更多重化的产品或样式给消费者来提高顾客关系，也可训练员工进行交叉销售与升级销售以便营销更多产品与服务给顾客。

64. （A）【题解】伙伴关系管理是指与公司内部的其他业务部门伙伴或是公司外部的伙伴紧密合作，以便共同为顾客带来更多的顾客价值。

65. （D）【题解】关系建立的基石是顾客价值与满意度。建立持续性的顾客关系的关键，就是建立超水平的顾客价值以及顾客满意。

66. （D）【题解】关系建立的基石是顾客价值与满意度。建立持续性的顾客关系的关键，就是建立超水平的顾客价值以及顾客满意。

67. （C）【题解】顾客关系营销是针对公司所有关系人，建立、维持和强化彼此间都能共享获利价值的关系。

68. （C）【题解】在所有营销的定义里，顾客关系是最核心的意义。

69. （D）【题解】若目前的销售成绩和市场占有率反映的是过去的绩效，那么企业所获得的顾客权益反映的是未来绩效。

70. （A）【题解】顾客关系管理的终极目标是顾客权益。

全国营销专业能力考试项目暨海峡两岸营销专业能力考试项目简介

一、项目背景

为贯彻《国务院关于深化流通体制改革加快流通产业发展的意见》(国发〔2012〕39号) 中关于 "大力培养流通专业人才" 的精神, 落实《教育部关于充分发挥行业指导作用推进职业教育改革发展的意见》(教职成〔2011〕6号) 中关于 "使学生在取得毕业证书的同时, 获得相关专业的职业资格证书和行业岗位职业能力证书" 的要求, 商业国际交流合作培训中心和中国国际商会商业行业商会从 2013 年起组织实施全国营销专业能力考试项目。

为加强海峡两岸人员交流和资格互认等方面的合作, 促进海峡两岸专业人才和专业服务的双向流动, 中国国际商会商业行业商会在全国营销专业能力考试项目开展的基础上, 与台湾行销科学学会建立战略合作关系, 并从 2014 年起组织实施海峡两岸营销专业能力考试项目。海峡两岸营销专业能力考试项目采取海峡两岸统一教材、统一大纲、统一题库、统一考试和统一证书颁发的模式。

二、考试对象

(一) 学习市场营销、工商管理、旅游管理、酒店管理等专业的学生。
(二) 从事营销策划、旅游营销等相关专业工作的从业人员。

三、专业方向

设置营销策划和旅游营销两个专业方向。

四、考试科目

(一) 营销策划专业方向设置《营销管理概论》和《营销策划实务》两个考试科目。
(二) 旅游营销专业方向设置《营销管理概论》和《旅游营销实务》两个考试科目。

五、证书颁发

（一）参加营销策划专业方向考试合格，颁发由商业国际交流合作培训中心和中国国际商会商业行业商会共同用印的《全国营销专业能力证书》（专业：营销策划师），同时颁发由中国国际商会商业行业商会和台湾行销科学学会共同用印的《海峡两岸营销专业能力证书》（专业：营销策划师）。

（二）参加旅游营销专业方向考试合格，颁发由商业国际交流合作培训中心和中国国际商会商业行业商会共同用印的《全国营销专业能力证书》（专业：旅游营销师），同时颁发由中国国际商会商业行业商会和台湾行销科学学会共同用印的《海峡两岸营销专业能力证书》（专业：旅游营销师）。

（三）证书可在中国国际商会商业行业商会官方网站（www.ccpitedu.com）和台湾行销科学学会官方网站（www.tims.org.tw）查询。

六、主办单位简介

（一）商业国际交流合作培训中心成立于 2002 年，是经中央机构编制委员会办公室批准成立的司局级中央事业单位，先后隶属于国家经济贸易委员会和国务院国有资产监督管理委员会。

（二）中国国际商会商业行业商会成立于 1988 年，是经中国国际贸易促进委员会批准设立在商业行业的国际商会组织，同时使用"中国国际贸易促进委员会商业行业分会"的名称。中国国际商会商业行业商会（中国国际贸易促进委员会商业行业分会）代表中国加入亚洲营销联盟（Asia Marketing Federation，AMF），同时也是全球华人营销联盟（Global Chinese Marketing Federation，GCMF）的发起成员。

（三）台湾行销科学学会成立于 2004 年，是经台湾内政主管部门批准成立的专业团体，其宗旨是结合营销学术理论与企业实务的应用，提供专业营销研究成果与经营管理的科学方法，培育企业营销研究发展所需的专业人才。台湾行销科学学会代表中国台湾地区加入亚洲营销联盟（Asia Marketing Federation，AMF），同时也是全球华人营销联盟（Global Chinese Marketing Federation，GCMF）的发起成员。

七、联系方式

中国国际商会商业行业商会

地　址：北京市西城区复兴门内大街 45 号（100801）

电　话：010-66094064　66094065（兼传真）

网　站：www.ccpitedu.com

电　邮：ccpitlyp@163.com